KB066170

고객을 설득하는
보험 실전 화법

보험 궁금증
달인에게
물어보세요
5

고객을 설득하는
보험 실전 화법

김동범 지음

중앙경제평론사

단번에 고객의 마음을 사로잡는
최고의 보험 실전 화법

"고객과 상담할 때 대화의 물꼬를 잘 트려면 현장에서 어떤 화법을 전개해야 가장 효과적일까? 어떻게 하면 고객에게 곧바로 보험가입에 대한 니즈를 환기시키고 구매 욕구를 불러일으켜 보다 쉽게 클로징에 이르게 할 수 있을까? 보험영업 현장에서 곧바로 적용하여 고객의 마음을 사로잡을 수 있는 참신한 실전용 대화법은 없을까?"

우리나라 가구당 보험가입률은 무려 98.2%로 세계에서 제일 높다. 이젠 보험가입이 일반화, 생활화되었지만, 보험상품의 생태학적 특성상 아직도 보험을 자발적으로 가입하는 비율은 그리 많지 않다.

보험은 ① 대부분 사람의 생명과 직결되는 사고(事故) 담보상품이고, ② 현재보다는 미래를 위해 가입하는 미래지향적인 가치상품이며, ③ 전문적인 지식이 있어야만 이해할 수 있는 매우 복잡한 추상적인 금융상품이고, ④ 통계를 바탕으로 과학적으로 산출되는 수리적인 상품인 까닭에

이를 보험가입자에게 올바로 잘 알려줄 도우미 역할을 하는 보험컨설턴트가 필요하다.

보험컨설턴트는 고객과 상담할 경우 최우선으로 고객의 니즈(Needs)를 환기시키고 곧바로 원츠(Wants)욕구를 이끌어내야만 보험체결의 관문으로 들어갈 수 있다. 미리 보험지식을 완전히 섭렵하여 무장한 다음 고객의 재무상태를 분석하고 재정안정상의 문제점을 해결하려는 심미안, 상품지식과 현장상담 능력에 대한 깜냥을 쌓고 보험세일즈 프로세스에 입각한 현장 실전 화법으로 무장하여 자유자재로 응용할 줄 아는 테크닉을 발휘해야 한다.

특히 일선 현장에서 활동하고 있는 수많은 보험컨설턴트들의 체험에서 우러나 회자되고 검증된 실전 화법을 몸소 익혀 완전히 내 것으로 만든 다음 고객을 만나야만 말씨가 올바로 움트고 고객의 마음을 움직여서 계약체결이라는 탐스런 열매를 맺을 수 있다.

고객의 특성에 가장 알맞은, 적재적소에서 활용할 수 있는 실전 화법 전개는 계약체결은 물론 향후 고소득자로 부상할 수 있는 세일즈 성공의 기본전략과 전술이다. 영업현장에서 검증된 실전 화법은 고객을 사로잡는 최고의 자산이며, 최상의 세일즈 무기다.

보험 실전 화법을 반드시 익혀야만 말이 논리적이고 설득력 있게 술술 잘 나와 고객의 마음을 단번에 빨리 사로잡음으로써 좋은 성과를 보다 쉽게, 그리고 확실하게 도출할 수 있다. 즉, 보험 실전 화법은 경제성의 원칙에 입각해 최소의 노력과 비용으로 최대의 효과를 가져오게 하는 최고의 보험세일즈 성공 비법이다.

이 책은 보험컨설턴트가 영업에 자신감을 갖고 현장 상황에 가장 잘 맞는 실전 화법을 시의적절하게 전개하여 활용효과를 극대화할 수 있도록 성공자들의 소중한 노하우가 담긴 대화법 가운데 최대공약수를 산출하고 다시 현장상황별로 꼭 필요한 꿀팁만을 엄선하여 만든 보험세일즈 실전 화법 로드맵이다.

보험세일즈뿐만 아니라 리크루팅 시에도 필요한 고객을 심도 있게 설득하는 기술과 현장 화법을 상황별로 자세히 정리하여 모두 담았다.

각 꼭지별로 고객의 심리를 분석하면서 ① 효율적인 공략 방법을 제시한 Selling Point, ② 고객에게 반감을 사지 않으면서도 순간적인 기지를 발휘하여 영업현장에서 즉시 고객의 거절을 처리할 수 있는 재치화법, ③ 고객의 거절을 이해하면서 합리적으로 응대할 수 있는 설득화법으로 구분하여 심도 깊이 자세하게 표현했다.

(※ 참고로 제2의 국민건강보험이라 일컫는 질병보험상품인 실손의료보험에 대한 현장 실전 화법은 많은 사람들이 거부감 없이 가입하고 있는 현실에 비추어 이와 관련된 고객응대화법을 별도로 게재하지 않았다.)

공들여 내놓은 이 책을 완전히 익혀 영업현장에서 각 상황에 맞추어 전문가다운 실전 대화법의 전개로 고객으로부터 신뢰 확보와 더불어 업적 배가를 통한 고소득의 창출에 많은 도움이 되어주는 진정한 동반자 역할을 하기를 진심으로 기대한다.

김동범

차 례

PART 4 보험 니즈환기화법
Action Planning Tips

PART 5 고객의 마음을 사로잡는 맛깔스러운
에스프리 화법 Action Planning Tips

PART 6 리크루팅 실전화법
Action Planning Tips

효과만점의
보험 실전화법을
펼치는 기술

고객의 관심사항에 대해서는 90%,

보험상품에 대해서는 10%만 얘기하라.

− 랠프 로버츠(Ralph Roberts)

실전화법 전개시 기본 화두

보험 화두를 토대로 설득화법을 전개한다

보험세일즈 화법의 진행 방법은 순서를 세워 화법을 전개하면서 한 걸음씩 클로징으로 이끌어가는 것이다. 제안하는 보험상품에 대해 고객이 어느 정도 공감대를 형성하고 니즈가 환기되었다고 해서 급하게 서두르면 안 된다.

고객은 보험의 진면목과 재무플랜을 어떻게 추진해야 하는지 로드맵이 아직 설정되어 있지 않다. 또 인생재테크를 향한 어젠다를 보험으로 해야 하는지 판단이 서지 않았을 수 있다. 그러한 것이 무르익은 다음에 마무리 단계로 접어들어야 한다.

원츠(Wants)가 무르익지 않은 상태에서 결론을 내리려고 하면 완전판매에 이를 수 없으므로 고객의 심리를 분석하고 설득하는 실전화법을 익혀 고객이 OK사인을 하게 하는 컨설팅 기술이 필요하다. 보험화법을 전개할 때는 먼저 고객의 인생재테크 가치 인식도를 파악하여 그에 따른 화두를 던져 고객의 심리를 옭아매는 전략적 설득화법으로 공략하는 응용 기술이 중요하다.

화법전개시 필요한 고객의 심리와 기본적 화두

인생재테크에 대한 일반 사람들의 10가지 가치인식

1. 모든 사람은 가정이 안정되고 행복하길 늘 바란다(현재 행복 추구).

2. 모든 사람은 오늘보다는 내일의 삶이 더 편해지길 바란다(미래 행복 추구).

3. 모든 사람은 더 행복한 삶을 추구하기 위해 인생재테크를 하려 한다 (행복한 삶 추구).

4. 모든 사람은 자신이 언젠가는 늙는다는 것을 알고 한번쯤은 노후를 생각한다(노후 인식).

5. 모든 사람은 일상생활에 불확실성이 존재하므로 이에 따른 대처방법 을 모색해야 한다는 것을 안다(삶의 리스크 염려).

6. 모든 사람은 언젠가는 죽는다는 것을 알지만 그 시기를 알지 못함을 인정한다. 그리고 이를 떨쳐버리려고 한다(위험요소 검토).

7. 모든 사람은 행복한 삶을 살기 위해 필요한 것 중 하나가 돈이라고 생각한다. 그래서 부자가 되길 원한다(부의 축적 욕구).

8. 모든 가장은 가족이 안심하고 살기 위해서는 돈이 하나의 요건임을 인정한다(경제력의 가치인식).

9. 사람들은 잘 배우고 잘살기를 바라지만 그에 따른 목적을 완수하기

위해 100% 노력하기보다는 꿈을 꾸는 선에서 만족하려는 경향이 강하다(능력과 기대치 차이).

10. 대부분의 가장은 자기가 죽었을 때 가족이 사용할 자산이 얼마나 있는지, 부채는 어느 정도인지 잘 모르며 계산해놓지 않는다(가족에 대한 현안 인식 결여).

지금까지 당신이 한 개념 정립과 선험적 지식과 인식을 바탕으로, 인생재테크의 참맛을 아직 모르는 고객에게 그에 따른 가치를 알려주기 위해 다음과 같이 종합적으로 재무분석을 한 뒤 그를 토대로 최적안을 제시해야 한다.

인생재테크를 완성하기 위한 10가지 화두와 실천 로드맵

1. 당신이 내일 죽는다고 가정했을 때 당신의 자산과 부채는 얼마나 되는가?(준비된 자산의 가치분석)

2. 당신이 만약을 대비하여 가족에게 필요한 저축을 남긴다면 그 금액은 얼마여야 한다고 생각하나?(필요한 보장액 산출)

3. 모든 사람은 자녀를 대학에 보내고 싶어하는데 그 비용은 얼마나 될까? 결혼시킬 때 비용은 얼마나 들까? 특히 당신 가정에는?(자녀의 교육자금과 결혼자금 소요 비용 계산)

4. 사고를 당했을 때 가정의 생활을 현재 수준으로 유지하기 위해 매월 수입을 확보한다면 몇 년 동안 어느 정도 필요할까?(경제적 자립기반 확보 가능기간 계산)

5. 자식 책임이 아니라 자기 책임으로 돈 벌지 않고 노후생활을 몇 년

14

정도 할 것 같은가? 배우자의 노후기간은?(노후 책임소재 및 기간 인식)

6. 장수시대인 만큼 로하스적인 골드인생을 보내고 싶은데 그에 따른 노테크 비용은 얼마나 될까?(은퇴자산 필요 금액)

7. 이상과 같은 제반 비용이 당신이 인생을 살고 가정을 지키는 데에 반드시 필요한 금액이다(총필요자금 규모). 현재 당신의 총자산은 어느 정도이며 필요보장액은 얼마인지 아는가?(필요보장 금액 규모 산출)

8. 당신의 재무 상태를 종합적으로 분석한 결과 이 정도로는 부족하다 (부족한 보장금액). 당신이 사망한다고 가정하면 부인(또는 남은 가족)은 부족액을 무엇으로 보완하겠는가?(해결안 제시)

9. 인생재테크를 완성하려면 장기목적자금을 마련할 계획이 있어야 하고 일상생활의 리스크를 헤지할 수 있게 안전장치를 마련해야 하는데 이 모두를 해결할 획기적인 방법이 있다. 이 방법을 지금 제안한다(삶의 리스크를 헤지하기 위한 최종해결안 제시).

10. 이에 따른 모든 해결방법을 나에게 맡기면 성심껏 최선을 다해 도와드리겠다. 전문가인 내가 당신의 인생재테크를 책임지고 컨설팅하고 알뜰히 추진해 목적을 달성할 수 있게 관리해주겠다(인생재테크를 위한 재무플랜 제안).

Top 에이전트가 전하는 성공 노하우
영업의 성공 수준을 결정하는 요인은 고객들에게 얼마나 많은 관심을 기울이고, 그들과 얼마나 가까이 교감을 나누며, 그들에게 어떠한 것을 알려주는가에 달려 있다.

캐리 홀(Carrie Hall)

고객이 뜸을 들이게 하는
아마추어가 되지 마라

프로와 아마추어의 차이는 고객의 심리파악에 있다

"당신은 어떻게 보험상품을 제안하여 고객이 확실하게 선택할 수 있게 돕는가?"

발이 닳도록 고객을 만나러 다니고 면담도 많이 하는데도 실적은 저조한 경우가 있다. 또 지나치게 친절하다 할 만큼 세일즈 툴을 모두 꺼내 놓고 세밀한 것까지 잘 설명하며 다양한 플랜을 제시했는데도 무엇이 잘못되었는지 OK사인을 받지 못하고 맥빠져 지점으로 돌아오는 때도 있다. 열심히 활동하고 설명을 잘했는데 계약체결 확률은 왜 신통치 않을까?

프로와 아마추어의 차이는 똑같은 고객에게 어떻게 컨설팅해 더 빨리 클로징에 이르도록 고객의 심리를 캐치한 뒤 OK사인을 받아내는가 하는 기술과 능력에 있다.

프로는 고객이 가입 결정을 쉽게 내리게 만들지만 아마추어는 고객이 뜸을 들이게 한다. 밥이 뜸들면 뚜껑을 열고 밥을 섞어야 밥맛이 좋듯 니

16

즈환기가 어느 정도 되면 재빨리 고객의 구매 욕구를 불러일으켜 사인하게 만들어야 한다.

최적의 3가지 해결책을 제시해 선택하게 만들어라

어느 누구보다 활동량이 많고 열심히 하는데도 다른 FC(FP)보다 실적이 뛰어나지 못한 이유는 ① 고객에게 장황설을 늘어놓거나, ② 재정안정 플랜이 너무 적거나, ③ 상품을 너무 많이 보여주기 때문이다.

보험상품에 관한 지식이 있든 없든 고객은 한 가지 안만 제시하는 FC를 신뢰하지 않을 것이다. 또 지식이 없는 고객에게 상품을 많이 보여주면서 선택을 요청하면 친절하다고 여기기보다 오히려 혼란에 빠져 결정을 미루는 결과를 초래한다.

로저 도슨(Roger Dawson)은 "인간은 누구나 자유와 프라이버시를 중요시하기 때문에 단 한 가지 선택만을 강요하면 심리적으로 그 상황을 도저히 참지 못한다. 세일즈 달인은 고객이 선택할 수 있게 두 가지 이상의 옵션을 제시한다"라고 했다.

실제로 미국보험마케팅협회 LIMRA(Life Insurance Marketing Research Association)의 연구에 따르면 "고객은 에이전트가 한 가지 보험상품만으로 설명할 때보다 세 가지 상품을 제시하면서 설명하면 계약을 체결할 확률이 훨씬 더 높았다"라고 한다. 또 지나치게 많은 상품을 나열하면서 설명하면 고객은 혼란스러워하며 FC가 전문가인지 의구심을 품어 오히려 역효과를 보았다고 한다.

따라서 보험상품에 관한 지식을 폭넓게 습득하고 컨설팅 능력을 배양해서 고객의 컨셉을 토대로 재정안정플랜에 적합한 대안을 다각도로 만들되, 달랑 한 가지 안만 제시하거나 너무 많이 제안해 고객이 선택을 망설이게 해서는 안 된다.

프로로서 고객의 심리를 적확하게 꿰뚫으면서 최적의 세 가지 안만 제시하여 그중 한 가지 안을 고객이 선택하도록 유도하고, 자신이 결정했다는 안심효과를 안기면서 사인하게 만드는 실전화법을 전개해야 한다. 그래야 완전판매가 이루어진다.

Top 에이전트가 전하는 성공 노하우

사람들이 보험에 왜 가입하는지 확실히 알아야 한다. 대부분의 보험사는 에이전트에게 보험상품을 판매하는 방법을 가르치는 데 주력한다. 물론 이것도 필요하지만 그보다 더욱 중요한 것은 고객이 소중한 보험을 선택할 수 있게 도우려면 어떻게 해야 하는지 방법을 알려주고 보험에이전트는 고객에게 이를 잘 설명해주는 것이다. 타석에 들어간 타자가 공이 날아오기도 전에 방망이를 떨어뜨리고 1루로 달린다면 그는 당연히 아웃될 것이다. 고객이 왜 보험에 가입해야 하는지를 확실하게 알기도 전에 무조건 팔려고 하면 볼이 날아오기도 전에 일단 달리고 보는 타자와 다를 게 없다.

게리 시츠먼(Gary Sitzman)

충격화법을 전개하여
안심효과를 노려라

고객의 구매심리를 이끌어내는 컨셉세일즈 필요

고객이 보험에 가입하는 가장 큰 이유는 안심효과와 더불어 이익과 효용가치가 있기 때문이다. 현재 또는 미래의 삶에서 문제를 해결하려는 욕구도 있을 것이며 로하스적인 삶을 위한 기능과 가치도 중요하게 볼 것이다.

평균수명이 길어지고 소득이 늘어남에 따라 생활수준이 높아지면서 럭셔리하게 살려는 시대에는 인생재테크 상품으로서 미래의 효용가치에 무게중심을 두고 가입하는 경향이 있다. 요즘 고객은 보험의 필요성을 어느 정도 인식하고 있으므로 보험의 필요성을 구매 욕구로 바꾸는 심리전술을 실천하는 기술이 필요하다.

이를 실천하려면 고객에게 왜 보험상품에 가입해야 하는지 효용가치를 정확히 인식시키고 가입 후 보험사고 발생시의 서비스문제 해결안까지 자세히 제시하는 세일즈기법이 필요하다. 즉, 라이프사이클(Life Cycle),

라이프스타일(Life Style), 라이프스테이지(Life Stage) 같은 고객의 '인생 3L'에 맞게 라이프스케일(Life Scale)을 키워 나아가도록 효용가치를 알려주고 동시에 고객이 스스로 구매하게 만드는 실전화법을 시의적절하게 전개해야 한다.

공포효과를 심어주는 강력한 충격화법 전개

원츠판매를 하려면 공포효과를 심어주는 충격화법이 효과적이다. 특히 통계마케팅과 스토리텔링마케팅을 가미하면 미래 삶에 대한 공포감을 더욱 크게 느껴 효과가 극대화되므로, 프레젠테이션 때에는 긴장감을 조성하여 고객 스스로 마음의 문을 열게 하는 충격화법을 실감나는 스토리로 엮어 들려준다.

보장자산과 은퇴자산 준비가 미흡한 고객에게 객관적인 자료를 제시하고 맛깔스러운 사례를 들어 미래에 대한 불안의식과 공포감을 갖게 만들어 기선을 제압한 다음 현안문제 해결방안을 제안한다. 만약이라는 기우가 현실로 다가올 수 있음을 느끼게 해 생활보장자산을 확보하지 않으면 안 되도록 심리적 불안감을 심어준다.

인생의 가장 큰 위험 3가지를 진솔하게 알려라

공포마케팅(Fear Marketing)을 이용한 화법은 고객의 불안요소를 극대화해서 보험이 삶의 리스크 헤지 방안에 최적의 상품임을 주지시켜 고객에게 안심효과를 줌으로써 사인하게 만드는 데 매우 효과적인 세일즈 기법이다. 공포마케팅을 펼칠 때에는 보험플랜을 제안하면서 불가항력으로 다가오는 인생의 가장 큰 위험 3가지를 화제로 삼아 다음과 같이 대화를 전개하는 것이 바람직하다.

"인생을 살아가는 데는 크고 작은 여러 가지 위험이 항상 도사리고 있습니다. 그중 인력으로 도저히 해결되지 않는 3가지 위험이 있는데 바로 ① 너무 일찍 죽는(Die too soon) 사망위험, ② 너무 오래 사는(Live too long) 노후위험, ③ 건강을 잃고 수입도 끊겨 힘들게 살아가는(Live too Painful) 생활위험이랍니다.

이 3가지 위험에 사전준비가 안 되었다거나 미흡할 경우에는 가족과 자신에게 힘겨운 멍에가 되어 삶이 고달프게 됩니다. 따라서 이들 위험을 미연에 제거 또는 감소시키려면 위험관리 기능을 수행하는 자산 형성·관리로 위험요소를 사전에 헤지해야 하는데 그에 적합한 최선의 방책이 바로 보험입니다."

위 화법을 구사할 때에는 실제 사례와 각종 비교를 들어 입증하면서 고객의 마음에 닿게 하면 더욱 효과적이다.

특이혜증기법을 펼쳐
분위기를 주도하라

특이혜증기법을 토대로 실존화법을 만든다

보험플랜 제안은 계약의 성패를 좌우하는 중요한 과정이다. 제안하는 보험상품의 보장내용과 납입할 보험료를 어떻게 제시할지는 전적으로 판매기술력에 달렸다. 고객의 니즈와 구매 욕구에 맞게 프레젠테이션하려면 집중적인 고객 탐구와 분석이 선결요건이다.

이때 고객의 라이프코드를 읽고 성향에 맞춰 재무플랜을 제안하려면 요령 있게 컨설팅하여 계약으로 유도하는 테크닉이 중요하다. 제안하는 보험상품의 특성을 고객에게 일방적으로 어필하는 것이 아닌 고객의 컨셉에 맞게, 고객의 이익을 토대로 특이혜증기법(FABE기법), 즉 보험의 특징(Feature)과 이점(Advantage), 가입 과정의 이익인 혜택(Benefit), 그리고 그러한 이익이나 혜택이 나올 확실한 증거(Evidence)를 화법으로 만들어 세일즈 프로세스에 맞춰 유효적절하게 제시하면 계약체결의 관문으로 쉽게 들어설 수 있다.

요점만 말하고 정곡만 찔러 감화시키는 FABE기법 필요

FABE기법의 실천적 활용을 위한 단계별 세부적인 컨설팅 내용은 다음과 같다.

1. Feature(특징) : 고객에게 판매하려는 보험상품의 내용과 특성을 조목조목 설명하는 기술이다. 해당 상품의 특징을 정확하게 숙지하고 확실하게 알려주면서 동시에 다른 상품이나 경쟁사 상품과 비교 분석하여 중요한 점을 집중적으로 설명한다.

2. Advantage(이점) : 고객 처지에서 상품의 특징이 지금까지의 상품이나 다른 보험사의 비슷한 상품과 비교하여 어떤 이점이 있는지 설명하는 기술이다. 고객이 가입하려는 상품의 이점을 정확히 알려주는 기술은 니즈환기에 절대적으로 영향을 미치므로 고객에게 어떤 이점이 주어지는지 잘 설명해야 한다. 이는 상품의 특징을 알려주는 것보다 경우에 따라서는 훨씬 중요하게 부각된다.

3. Benefit(혜택) : 지금 보험상품에 가입하면 어떠한 혜택이 주어지는지 설명하는 기술이다. 고객은 보험 가입으로 어떠한 고부가가치를 누릴지 궁금하고 관심이 많다. 이는 어느 고객이나 지닌 기본 심리이므로 보험상품에 가입하면 주어지는 효용가치와 더불어 어떠한 혜택이 뒤따르는지 일목요연하게 설명한다.

4. Evidence(증거) : 이미 보험에 가입한 유명 인사나 주변 지인 등 고객 사례나 입증된 효용성 등을 적확하게 제시하는 기술이다. 고객에게 '이 보험상품이 정말 좋다'고 아무리 말해도 객관적으로 입증된 툴을 제시하

지 않거나 확신이 서지 않으면 의구심을 품는다. 그래서 가입을 망설이고 거절이라는 신호를 보낸다. 이때 거꾸로 고객의 마음을 사로잡을 히든카드를 재빨리 꺼내 클로징으로 한 발 더 다가서야 한다. 히든카드가 확실한 증거가 되어 고객의 불안 심리를 일거에 녹여준다. 증거자료를 제시할 때에는 공식적으로 누구나 인정할 정보와 통계치를 활용하는 것이 가장 효과적이다.

특이혜증기법은 위의 순서에 따라 핵심을 정확하게 짚어야 컨설팅 효과가 배가된다. 위 순서대로 하면 고객의 이해력이 증진되어 다른 FC와 차별화된 좋은 인상을 남김은 물론 고객에게 신뢰를 더욱 안길 수 있다.

여기서 반드시 알아둘 게 있다. 클로징을 위한 본격적인 상담에서는 제안하는 상품의 기능이나 특징보다 장점이나 고객이 얻는 이익, 더 나아가 가치에 주안점을 두고 대화해야 계약 성공률이 높아진다. 고객은 대부분 자신에게 어떠한 이익이 주어지는지에 관심이 많기 때문이다.

따라서 상품의 효용성과 더불어 구매에 따른 가치창출을 위한 이점을 잘 피력해야 한다. 특히 상담할 때는 상품 판매만 목적으로 하지 말고 고객이 이미 가입한 보험상품의 가치측정과 포트폴리오 리밸런싱에도 전력을 기울인다.

효율적인 보험상품 설명기법 20Tips

1. 보험상품의 가치를 올바로 알아야 한다.

2. 설명할 내용을 충분히 알아야 한다.

3. 지식과 정보를 화술로 승화할 줄 알아야 한다.

4. 설명할 순서를 알고 정확하게 설명한다.

5. 고객이 이해할 수 있게 한 가지씩 설명한다.

6. 고객의 부담(보험료)보다 이익(보험금, 보험서비스)을 강조한다.

7. 중요한 내용을 반복하여 강조한다.

8. 고객이 잘 알아들을 수 있게 스토리텔링 기법으로 설명한다.

9. 고객의 질문에는 바로 응답하여 궁금증을 해소해준다.

10. 이해를 돕기 위해 상품관련 각종 자료를 제시하며 설명한다.

11. 상품의 전체 내용을 알기 쉽게 요약하여 설명한다.

12. 고객에게 보험상품 가입의 필요성을 확신시킨다.

13. 상령월 화법을 별도로 만들어 사용한다.

14. 제안하는 보험상품에 대한 사랑과 프로십을 배양한다.

15. 장이장이단기법(長利長利短技法)을 사용하여 고객을 만족시킨다.

16. 기승전결에 입각하여 논리적으로 대화를 이끌어 나간다.

17. 고객의 심리 파악을 위해 123화법을 토대로 전개한다.

18. 공감대 형성이 쉬운 예화, 예시, 사례를 시의적절히 제시한다.

19. 고객을 만날 때는 TPO(Time(시간), Place(장소), Occasion(상황))에 맞게 대처한다.

20. 현장의 분위기와 상황에 맞는 나만의 비장의 대화 꿀팁을 숙지하여 사용한다.

고객의 닫힌 마음을
빨리 열어젖혀라

안전심리를 심어줘 마음의 빗장을 열게 한다

미국의 한 기관에서 조사한 자료에 따르면 보험계약자의 90% 이상이 보험에 들 때 '가능한 한 작게' 가입하려는 의지를 보였다고 한다. 즉, 저렴한 보험료로 작게 들면 된다는 안전심리가 있다는 것이다.

그 이유는 첫째 보험료 부담이고, 둘째 다른 보험에 가입했다는 것이고, 셋째 안 들어도 되는데 안면이나 소개 등 주변상황으로 어쩔 수 없이 가입한다는 것이다. 이는 우리나라 보험소비자 심리와 일맥상통한다.

보험에 가입하기 전 고객의 심리가 이와 같음을 인식하고 컨설팅할 때 고객의 심리를 역으로 이용할 줄 알아야 한다. 이용한다 함은 고객의 성향을 파악한 후 효과적으로 접근하여 더 쉽게 클로징에 이르게 하는 테크닉 발휘를 의미한다. 프레젠테이션할 때 고객의 닫힌 마음을 양파껍질 벗기듯 열 수 있게 고객이 궁금해 하는 것이 무엇인지 적절한 질문으로 캐치한다.

고객의 허를 찌르는 날카로운 질문화법을 익혀라

"질문하라. 내가 전날 준비한 질문 14개 중에서 실제로 사용한 것은 11 개였다. 적절한 질문은 매우 중요하다. 내가 세일즈에 성공한 가장 큰 요 인은 적절한 질문이었다."

보험 세일즈 왕 프랭크 베트거(Frank Bettger)가 한 말이다.

질문법은 공격이 최대의 방어임을 확인해주는 화법테크닉이다. 고객을 처음 만나 인사한 다음에는 질문법을 활용하면서 대화를 전개하는 것이 바람직하다. 질문화법을 활용하면 고객에 대해 긴장감이 아닌 여유와 자 신감이 생긴다. 주도권을 잡고 대화를 이끌 수 있게 된다.

고객이 나를 주시하는 것보다 내가 고객을 주시하면서 고객의 행동에 따라 말할 내용을 머릿속에 그릴 수 있고 또한 질문을 해서 고객의 상품 인식과 심리상태를 즉시 알아채 원활하게 컨설팅할 수 있다. 또 방문 구 실을 다양하게 만드는 역할도 한다. 따라서 다음에 제시한 질문화법을 완 전히 익혀 고객을 처음 방문했을 때 활용하면 효과적으로 소기의 목적을 달성할 수 있다.

고객이 당신에게 정말 묻고 싶은 마음속 12가지 질문

1. 내가 왜 지금 보험에 가입해야 하는가?

2. 내가 왜 당신 회사에 들어야 하는가?

3. 내가 왜 꼭 당신에게 보험을 들어야 하는가?

4. 내가 왜 많은 상품 가운데 하필이면 이 보험상품에 가입해야 하는가?

5. 내가 왜 이 정도의 보험료를 꼭 지불해야 하는가?

6. 내가 왜 이렇게 오랫동안 보험료를 불입해야 하는가?

7. 내가 왜 이런 투자 리스크가 따르는 상품에 꼭 가입해야 하는가?

8. 당신은 정말 이 상품을 나를 위해 권유하는가? 아니면 당신의 소득을 위해서 권유하는가?

9. 당신은 내가 진정으로 원하는 인생재테크가 무엇인지 내 처지에서 생각해보았는가?

10. 당신은 내게 계속적으로 보험서비스를 해줄 수 있나? 내게 보험서비스를 확실히 해줄 것으로 확신하는가?

11. 당신은 언제까지 이 보험을 관리해줄 것인가? 아니, 관리해줄 수 있는가?

12. 당신은 내가 당신을 신뢰할 것으로 생각하는가?

'왜?'라고 묻는 고객에게는 '왜?' 그래야 하는지 역공하라

보험컨설턴트가 고객에게 보험상품을 프레젠테이션할 때 고객은 위에 필자가 제시한 12가지를 궁금해 하면서 질문하고 싶어하므로 이를 반드시 알아두어야 한다.

보험컨설턴트는 고객의 심리적 질문과 상품설명 과정에서 계속 발생하는 궁금증을 재빨리 간파하여 선수를 쳐서 질문과 응답을 하면서 고객이 자연스럽게 답을 내고 각인하게 유도하는 설득화법을 전략적으로 구사해야 한다. 예를 들면 고객이 내심으로 당신에게 요구하는 질문에 먼저 질문하면서 그에 대한 답을 고객이 내리게 유도하는 것이다.

○○님! 왜, 지금 이 보험에 들어야 하는지 아십니까?

더 행복하게 살려는 만약(IF)과 더 풍요롭게 사는 지혜를 모두 일구어야 하기 때문입니다. 즉, 인생재테크를 실천해 ○○님과 ○○님 가정이 언제나 풍요로운 생활을 하게 만들어야 하기 때문입니다.

○○님! 왜, 꼭 저에게 가입하셔야 더 좋은지 아십니까?

보험컨설턴트를 평생 직업으로 여기는 저는 ○○님을 단순한 비즈니스 차원의 고객이 아니라 가족과 같은 마음으로 보험서비스는 물론 인생 카운슬러 역할을 오래도록 해드릴 수 있기 때문입니다. 저는 고객들께 조금이라도 도움이 되게 올바로 컨설팅해드리는 것이 소망입니다.

저는 최선을 다해 고객들께 컨설팅클리닉을 하면서 고객들이 만족해하는 모습을 즐거움 삼아 이 길을 가려고 합니다. 고객들이 인생의 황혼기에도 인생재테크를 완결지어 가는 모습을 보면서 같이 걸어가고 싶습니다. 따라서 ○○님의 인생재테크는 제가 책임지고 실천할 수 있게 그 길을 제시하겠습니다. 최선을 다해 알뜰하게 가꾸어드리겠습니다.

언제나 고객 관점에서 화법을 전개하라

보험사는 고객이 죽게 된다는 사실에 초점을 맞춰 교육한다. "○○님,

○○님께서는 본인이 죽게 될 때를 대비하고 계십니까?", "○○님, 만일 ○○님께서 사망할 경우 ○○님의 가족에게 어떤 일이 생길까요?" 하지만 고객은 죽게 되기를 결코 원하지 않는다. 죽음은 대부분이 언급하기를 꺼려한다. 이 때문에 나는 유망고객과 대화할 때 그들이 무엇에 관해 생각하고 싶어하는지에 초점을 맞추어 이야기한다. 그들은 계속 살아가려는 의지가 있으니까.

"내가 사용하는 말 가운데 가장 강력한 힘을 지닌 말은 '○○님, 저도 이 보험에 가입했습니다. 제가 죽게 되기 때문에 보험상품에 가입하는 것이 아닙니다. 제 아내와 아이들이 계속 살아가는 데 필요하기 때문에 가입하는 겁니다'이다. 즉, 유망고객 관점에서 다가가 화법을 전개하라는 말이다. 내가 진정으로 하는 일은 유망고객들이 사랑과 의무에 초점을 둘 수 있게 만드는 것이다. 사랑과 의무는 그들이 가족을 돌보면서 깨달은 고귀한 감정이다."

이는 대학 졸업과 동시에 보험업계에 뛰어든 생명보험 에이전트로서 30년 넘게 탁월한 업적과 능력을 보여 그를 롤 모델로 삼을 만큼 고객관리와 판매기술에서 타의 추종을 불허한 게리 시츠먼의 말이다. 그의 말처럼 고객 관점에서 화법을 전개하면 고객의 닫힌 마음을 빨리 열어젖혀 니즈환기와 구매 욕구의 벽을 넘어 클로징으로 향한 관문을 넓힐 수 있다.

고객에게 접근할 때
컨설팅화법
Action Planning Tips

고객에게 거는 전화는 세일즈맨에게 중요하다.

특히 맨 처음 고객을 대할 때 전화가 세일즈 성공의 50%를 차지한다.

그만큼 TA할 때에는 철저한 화법 준비가 선행되어야 한다.

– 폴 마이어(Paul Meyer)

방문 전 TA화법
Action Planning

고객이 FC를 일차적으로 접하는 때는 TA에서다. 특히 맨 처음 전화방문 화법은 FC 본인의 이미지를 고객이 마음속으로 그리게 하는 작용을 한다. TA할 때에는 TA 목적을 분명하고 간결하게 표시하면서 고객에게 말할 기회를 줌으로써 고객의 취향이나 원하는 바를 더 잘 파악하도록 한다. 스크립트를 꼭 작성하여 그에 따라 화법을 전개한다.

첫 방문할 때 TA화법 Action Planning

- 안녕하세요? ○○님 계십니까?(휴대전화라면, ○○님이시죠?) ○○님, 저는 ○○회사에 근무하는 FC ○○○입니다.
- 안녕하십니까? ○○님의 친구이신 ○○님은 저의 고객으로서 친하게 지냅니다. ○○님에게 ○○님의 말씀을 가끔 들은 적이 있어서 한번 뵙고 싶다고 했습니다. 혹시 제가 ○○님 바쁜 시간에 전화를 걸었나

요?(답하기를 기다렸다가 응대내용에 맞추어 화법 전개)

- ○○님! ○○님과 비슷한 입장에 있는 다른 분들에게도 도움이 될 정보가 있어서 ○○님께도 소개하려고 이렇게 전화했습니다. 만나 뵙고 자세하게 말씀드리고 싶은데 ① ○요일 오후 ○시쯤이 좋으시겠습니까? 아니면 ○시쯤이 좋겠습니까? ② (고객이 직장에 근무하면) 사무실로 직접 찾아뵐까요, 아니면 근처 커피숍에서 뵐까요?

- 고맙습니다. 바쁘실 텐데 이렇게 시간을 내주셔서 정말 감사합니다.

- (방문 약속이 이루어졌으면) 그럼, ○○님! ○○일 오후 ○시에 제가 ○○로 찾아뵙겠습니다. 안녕히 계십시오(좋은 하루 되십시오).

- 여보세요. 저는 ○○회사의 ○○○라고 합니다. ○○님인지요? 전화로 실례합니다. 친구이신 ○○님에게서 ○○님을 소개받았습니다. 다름 아니라 이번에 저희 회사에서 ○○상품을 판매하기 시작했습니다. 만나 뵙고 자세하게 설명하고 싶은데 괜찮으신지요?

- ○○님 계십니까? ○○보험회사 보험컨설턴트 ○○○입니다. 그동안 안녕하셨어요? 오늘은 ○○님께 꼭 말씀드릴 내용이 있어 전화했습니다. 제가 준비한 재정안정플랜으로 ○○님께 필요한 보장자산을 종합적으로 분석해드리고 싶습니다.

- 보험은 보장자산이 아주 중요한데 대다수는 잘 모르십니다. 그래서 저희가 종합적으로 분석해드리고 있습니다. 오전 11시나 오후 3시에 찾아뵙고 싶은데요. 언제가 좋겠습니까?

- 여보세요. 안녕하십니까? 저는 보험컨설턴트 ○○○입니다. 다름 아니라 이번에 저희 ○○회사에서 새로 판매하는 ○○상품이 ○○님의 생활에 도움을 많이 줄 수 있을 것 같아 알려드리려고 전화했습니

다. 상세한 것은 찾아뵙고 자료를 제시하면서 설명하고 싶은데 ○일 ○시에 찾아뵈어도 괜찮겠습니까? 그렇지 않으면 ○일 ○시가 좋겠습니까?

구면일 때 TA화법 Action Planning

안부인사

■ 여보세요. ○○님 계십니까? 저는 ○○회사 ○○○입니다. 그동안 잘 지내셨습니까? 제가 일전에 저의 회사 사보(세일즈 터치 툴 명시)를 보내드렸는데 받아보셨는지요?

■ ○○님! ○○○입니다. 정말 오랜만이군요. 어떻게 지내세요? 제가 지난번(날짜 제시)에 보낸 이메일(또는 DM)은 받아보셨습니까?

■ ○○님이십니까(이시지요)? ○○회사 보험컨설턴트 ○○○입니다. 오랜만입니다. 별일 없으시지요?(약간 저음으로 상냥하고 부드럽게 인사를 주고받고 다음과 같이 계속한다.)

전화 목적 설명

■ 안녕하세요! 일전에 전화로 인사드렸던 ○○회사의 보험컨설턴트 ○○○입니다. 제게 상담할 기회를 주신다면 성심성의껏 보험서비스를 해드리겠습니다. ○일 ○시경에 찾아뵈어도 괜찮겠습니까?

■ 안녕하세요? ○○보험회사 ○○○입니다. 요즘 사업 잘되시죠? 실은 ○○(사업명 명시)을 경영하는 많은 분에게 도움이 되었던 재테크 정보

가 있어서 설명하려고 전화했거든요. 만나 뵙고 자세하게 말씀드리고 싶은데 내일 오후 3시쯤 어떠세요? 제가 찾아갈게요.

- ○○ 엄마시죠? 안녕하세요? 저 ○○ 엄마입니다. 요즘 집안일 하시랴, 애들 보시랴 바쁘시죠? 실은 ○○ 엄마처럼 아빠가 회사생활을 하는 분들께 매우 도움이 될 자료가 있어서 전해드릴까 하고 전화했어요. 만나 뵙고 자세하게 말씀드리고 싶은데 내일 오후 3시쯤 어떨까요? 제가 댁으로 찾아갈게요(거절할 때는 거절 처리한다).

- 안녕하세요? ○○님! 저는 ○○○입니다. 별일 없으시죠? 평소 교회에서만 뵀었는데 개인적으로 한번 만나고 싶었거든요. 실은 최근에 나온 자료 중에 ○○님과 같은 상황인 분들에게 도움이 될 정보가 저희 회사에 있어서 설명해드리려고요. 만나 뵙고 자세하게 말씀드리고 싶은데 오늘 오후 시간 괜찮으세요?

- 여보세요? ○○○니? 나 ○○○이야. 그래, 오랜만이다. 어떻게 지냈니? 지금 잠깐 통화할 수 있지? 나? 난 요즘 ○○보험회사에 다녀. 실은 우리 같은 사람들에게 도움이 되는 정보가 있는데 너에게 꼭 알려주고 싶어서 전화했거든. 만나서 얘기하고 싶은데, 내일 오후 어떠니? ○시쯤 집으로 갈게(거절할 때는 거절 처리한다).

소개를 의뢰할 때 TA화법

- ○○님! 제가 전화를 건 이유는 ○○님께 긴히 부탁할 말씀이 있어서입니다. 그렇다고 ○○님에게 보험에 가입해달라고 요청하려는 것은

절대 아닙니다. 아시다시피 제가 하는 보험영업은 얼마나 많은 고객을 만나느냐에 따라 성패가 좌우되기 때문에 사람을 많이 알고 지내야 합니다. ○○님! 그래서 드리는 말씀인데요, ○○님께서 평소 친하게 지내는 분 가운데 세 분만 소개해주시길 감히 부탁하려고요. 그래서 전화드린 겁니다.

- 실은 꼭 ○○님의 힘을 빌려야 할 일이 있어서요. ○○님께서 잠시 시간을 내주셨으면 하는데, 내일 점심시간(또는 저녁에 집으로)에 찾아뵈면 어떨까요?

- (신인의 경우 고객이 만나러 오는 이유를 알고 싶다고 하면 먼저 다음과 같이 말하면서 대화를 이어간다.) 사실은 요즘에 직장을 그만두고 새로운 일을 시작했습니다. (상황에 따라 조절) 그래서 상담하고 싶은 일이 있습니다. 내일 찾아뵈어도 좋겠습니까? 그렇지 않으면… (약속한다)

피소개자에 대한 TA화법

- 안녕하세요? ○○님이시죠? 저는 ○○님이 소개하여 전화로 인사하는 ○○회사의 ○○○입니다. 꼭 만나 뵙고 싶은데요. 인사말씀 드리고 싶어서 이렇게 전화했습니다. 언제쯤 찾아뵈면 좋을지요? 내일 ○시에 찾아뵐까요, 아니면 ○시에 찾아뵐까요?

- 며칠 전 ○○님께서 소개하신 ○○보험의 보험컨설턴트 ○○○입니다. 찾아뵙고 인사드리려고 이렇게 전화했습니다. 바쁘시더라도 잠깐 시간 내주시겠습니까? 언제쯤이 좋을까요? 모레 오전 ○시에 찾

아뵐까요, 아니면 오후 ○시에 찾아뵐까요? 시간 내주셔서 감사합니다. 그럼, 뵐 때까지 안녕히 계십시오.

- 안녕하세요? ○○님! 저는 ○○회사에 근무하는 ○○○입니다. ○○님의 친구이신 ○○님한테 ○○님 말씀 많이 들었습니다. 그래서 뵙고 싶다고 말씀드렸더니 소개해주시더군요. ○○님처럼 재테크에 관심있는 분들에게 도움이 될 정보가 있어서 ○○님께도 설명하려고 이렇게 전화했습니다. 제가 찾아뵙고 자세하게 말씀드리고 싶은데 내일은 어떠십니까?

- 제가 전화한 것은 다름 아니라 친구이신 ○○님께서 제가 권유한(제시한) 상품(프로그램)을 접하신 후 도움이 많이 되었다고 하시면서 이정보가 ○○님께 꼭 필요하다고 추천하셨습니다. ○○님께 도움이 될지는 알 수 없지만 아주 짧은 시간만 내주시면 충분하기 때문에 꼭만나 뵙고 싶습니다. ○요일 오후 ○시가 좋겠습니까, 아니면 ○요일 오전 ○○시가 좋겠습니까?

- 안녕하세요? ○○님! 저는 ○○회사의 ○○○입니다. 제가 며칠 전 절친한 친구와 아이디어를 상의하는데 제 친구가 상품내용을 ○○님과 함께 상의하는 것이 어떨까 하고 제안하더군요. 10분쯤 시간을 허락하신다면 이 내용이 ○○님께 어떠한 이익을 제공하는지 말씀드리겠습니다. (몇)일 (몇)시가 좋으시겠습니까? 또는 (익)일 몇 시에 ○○님사무실에서 뵙는 것이 더 편리하겠습니까?

- ○○님, 안녕하세요? 저는 ○○회사의 ○○○라고 합니다. 바쁜 시간에 전화를 걸었나요? (답을 기다린다.) 지난주에 편지를 보내드렸고, 제가 ○○님을 위해 한 일들을 언급했는데 받아보셨습니까? 그럼, 그

일에 관해 말씀을 나누고 싶은데 언제가 좋겠습니까?

■ 안녕하십니까? 저는 ○○회사의 ○○○입니다. 잠시 시간을 내어주
시겠습니까? 혹시 ○○님을 아시는지요? (고객이 알고 있다고 응답한다.)
그럼 ○○님께서 연락하신다고 했는데 통화는 하셨는지요? (긍정 대
답) 사실은 최근 ○○님이 저희 회사의 재정안정플랜 정보를 받으시
고 대단히 만족해하셨습니다. 그리고 이런 정보라면 ○○님에게도
유익한 정보가 될 것이라며 적극 추천하셨습니다. 물론 ○○님께서
는 대단히 만족해하셨더라도 이것이 ○○님의 마음에 들지는 잘 모
르겠습니다. 하지만 판단하시는 데는 그저 잠깐이면 됩니다. 꼭 찾아
뵙고 말씀드리고 싶은데 내일이나 모레 중 어느 시간이 더 편하십니
까? 오후 ○시나 ○시쯤은 어떻습니까? (명확한 약속장소 설정) 감사합
니다. 안녕히 계십시오.

Top 에이전트가 전하는 성공 노하우

밖에 나가서 날마다 하루에 다섯 명 이상의 사람들에게 자신의 이야기를 정
직하게 그들의 가슴에 와 닿도록 이야기할 수 있다면 그 사람은 영업에서 성
공할 수밖에 없다.

월터 텔보트(Walter Talbot)

첫 방문할 때 컨설팅화법
Action Planning

Selling Point　첫 방문에서는 고객과 최초 면담을 하여 현재 가망고객이 처한 상황, 인생계획, 현재 가입한 보험계약과 그 밖의 정보를 수집하는 니즈환기와 함께 정보수집 면담(Fact & Feeling Finding)이 이루어져야 한다.

컨설팅화법 전개 방법

방문인사

- (회사와 이름을 정확히 밝힌다) 안녕하세요! 전화로 말씀드린 ○○회사의 FC(자기 회사 신분 명시) ○○○입니다. 오늘 귀중한 시간을 내주셔서 감사합니다.

- 안녕하세요. 근처에 있습니다. 실은 최근 직장을 옮겨서 인사도 드릴 겸 들렀습니다. 잠시 시간 좀 내주시겠습니까?(부정적인 대답이면 물러나

오면서 다음에 만나면 면담을 허락한다는 약속을 받아내야 한다.)

■ 지난달부터 새로운 일을 시작해서 인사하려고 찾아뵈었습니다.

방문목적 설명

■ 오늘 제가 찾아뵌 것도 사랑하는 자녀와 ○○님의 미래를 위해서 한 번쯤 진지하게 검토해야 할 문제를 말씀드리고 싶어서입니다. 오늘은 제 이야기만 듣고 도움이 되는지 아닌지만 판단하면 됩니다. 시간은 20분쯤 소요됩니다만, 괜찮으시겠습니까?

■ 오늘은 이 ○○상품을 권유하려고 찾아뵌 것이 아닙니다. 물론 저희 회사에서 업계 최고 상품으로 자부하면서 내놓은 이 ○○상품에 관해서도 도움이 될 이야기를 할 수 있다면 하고 싶은데… (고객의 반응을 보면서 말의 물꼬를 튼다.) 이제까지 ○○님께서 여러 가지 도와주신 데 진정으로 감사하게 생각합니다. 이번에도 꼭 도움이 되리라 생각합니다.

니즈환기화법 전개

■ ○○님! 가입하신 보험 있으십니까? (대답을 기다린다.) 고객들은 대부분 가입내용이나 보장내용을 잘 모르십니다. 지난번 ○○님(고객이 아는 다른 사람)도 잘 모르셔서 가입하신 보험을 안내해드렸더니 도움이 많이 되었다고 하셨습니다. 그래서 ○○님께서 가입하신 보험이 ○○님 가정에 맞는지 이번 기회에 분석하고 설명하고 싶습니다.

■ (인생의 5대 자금 마련이 모두 가장의 책임임을 강조한다.) ○○님! 자녀는 두 명이라고 들었는데 몇 살입니까? (대답을 기다린다.) 이름은 뭐지요? (대

답을 기다린다.) 아주 단란한 가정이 머릿속에 그려지네요. ○○가 커서 무엇이 되었으면 하고 기대하십니까? (대답을 기다린다.) 좋은 꿈이시네요. 저도 ○○가 훌륭한 사람으로 성장하길 바랍니다. 그때까지는 앞으로 20여 년이 걸리겠지요? 또 그 기간에 부모로서 뒷바라지도 하면서 정년까지 근무해야 충분히 가능하실 겁니다. 하지만 ○○님! 그때까지 아무런 일이 없을 거라고 장담할 수 있으십니까?

■ (유명인, 친척, 친구, 본인 등의 실질적인 사례를 리얼하게 제시한다.) 하루에 평균 700여 명이 사망하는데 그중에 가장이 240명이나 된다고 합니다. 요새는 아무런 준비 없이 갑작스레 세상을 떠난 남편 때문에 엄청난 슬픔과 경제적 고통으로 어려움을 겪는 부인에 대한 기사가 많이 나오는데 혹시 ○○님 주변에는 이런 일 없으셨습니까? (Yes → 그분의 남은 가족은 어떻게 되셨습니까?), (No → 참으로 다행이십니다.) 그런데 이런 일이 ○○님 가정에 일어난다면 어떻게 될까요? 가족 모두 이루 말할 수 없는 슬픔에 잠기겠죠? 그러나 마음이 아픈 것뿐만 아니라 살아가면서 겪을 경제적 고통이 더욱 힘들 겁니다. ○○님! 이러한 문제에 대해 특별히 준비하신 게 있으십니까?

해결방안 제시

■ 제가 제안하는 재정안정플랜은 실제로 ○○님 가정에 앞으로 어떤 보장이 어느 정도 필요한지 구체적으로 알려주는데요. ○○님과 함께 현재와 미래의 문제에 관해 세심히 검토하고 ○○님께 맞는 최적의 가정재정설계를 해드립니다. 여기를 보면 가족 전체가 행복하고 안정된 생활을 하기 위해 어느 시점에 얼마만큼의 돈이 필요한지와

현재 얼마나 준비하고 계신지를 보여드립니다. 그런데 이러한 재무플랜을 해드리려면 ○○님과 가정에 관한 몇 가지 정보가 반드시 필요합니다. 옷을 맞출 때 각 부위의 사이즈를 재는 것과 마찬가지라할 수 있는데요. 바쁘고 번거롭겠지만 이 신청서 작성을 부탁드립니다(재정안정 설계서에 고객이 직접 기록하기보다 가능한 한 질문을 던져 고객의 니즈와 중요한 사실을 집중 파악하는 데 역점을 둔다).

- 저희 ○○회사에서는 고객님 가정의 현재와 미래의 문제를 검토한후 최적의 재정안정플랜을 설계해드립니다. 언제 어느 때이고 발생가능한 모든 경우에 대비해서 가족 모두 행복하고 안정된 생활을 위해 유사시 어느 시점에 얼마만큼의 자금이 필요하고 얼마가 부족한지를 분석해서 최적의 보장자산 마련 방법을 설계해드립니다.

- 만약에 ○○님께서 불의의 사고를 당할 경우 가족이 한 달에 ○○○만 원을 생활비로 써야 하는데 그에 대한 해결책이 두 가지 있습니다. 하나는 사모님께서 무얼 하시든 ○○년 동안 ○억 원쯤을 버는 것이고, 다른 하나는 ○○님께서 저희 ○○회사를 믿고 그 책임을 저희에게 맡기시는 겁니다. 물론 형편에 따라 당장 부담이 될 수도 있지만 가족의 행복을 위해서 어느 것을 선택하느냐는 ○○님께 달렸습니다. 일단 저희에게 말씀하신 내용으로 실제적인 보장계획은 물론노후계획까지 꼼꼼히 세워드리겠습니다. 저에게 한번 맡겨주십시오. ○○님 댁에 맞는 정확한 설계를 하기 위해 몇 가지 정보가 필요한데시간은 10분쯤 걸립니다.

돌입개척 활동을 할 때 접근화법

- 안녕하세요! 저는 이 지역을 담당하는 ○○보험회사의 보험컨설턴트 ○○○입니다. 요즘 같은 저금리시대 재테크와 세테크에 관심 많은 분들을 위해 상담해드리려고 방문했습니다.

- 안녕하세요! 저는 이 지역을 담당하는 ○○보험회사의 보험컨설턴트 ○○○입니다. 우리 회사에서는 고객들께 더 정확한 서비스를 제공하기 위해 모니터링을 하고 있습니다. 그래서 이 지역에 거주하는 분들을 대상으로 보험만족도를 알아보기 위해 방문했습니다. 협조해주시면 고맙겠습니다. 여기 이 앙케트를 작성해주시겠습니까?

- 안녕하십니까? 저는 ○○회사의 재무전문가 ○○○입니다. ○○님! 가계자산운용방법을 더 효율적으로 하여 재테크파이를 늘리는 재무컨설팅을 해드리고 싶어 일부러 찾아뵈었습니다. 제게 설명할 기회를 10분만 주시겠습니까?

- ○○님! 요즈음은 가구당 보험가입률이 무려 98% 이상인 보험 홍수시대입니다. 이럴 때일수록 ○○님의 변화하는 라이프스케일에 맞춰 보험포트폴리오 리밸런싱을 잘해 소중한 자산에 대한 미래가치 제고에 하자가 없어야 합니다. 그 방법을 제가 알려드리려고 찾아뵈었습니다.

- 이 지역에 계시는 분들을 대상으로 건강 설문조사를 하고 있습니다. 이 앙케트를 작성해주시면 우리 회사에서 제공하는 건강관련 정보를 상시 제공하겠습니다.

- 안녕하세요? 저는 ○○회사에서 나온 보험컨설턴트 ○○○입니다.

오늘은 ○○님께 도움이 될 생활정보지를 드리려고 찾아뵈었습니다. 여기 질문에 따라 작성해주시면 앞으로 매월 생활정보지를 보내드리려고 합니다. (설문지 작성 유도) 고맙습니다. 앞으로 보험에 관해 궁금하거나 필요한 사항이 있으면 언제든지 연락주세요. 다음에는 전화하고 찾아뵙겠습니다.

■ 우리나라 사람 대부분은 한창 젊을 때 벌어놓은 임금·자영업 소득만으로는 인생 적자 신세를 벗어나지 못한다고 합니다. 생애주기상 43세 때 재정상의 흑자 정점을 찍고는 58세 이후부터 남은 여생은 줄곧 재정 적자 인생살이라고 합니다. 이 자료 한 번 보세요(관련자료 제시).

Top 에이전트가 전하는 성공 노하우

프레젠테이션을 하는 동안 효과적인 질문기술을 사용하여 고객이 긍정적인 반응을 보이도록 유도하라. 고객이 긍정적인 반응을 보이면 주의를 집중시킬 수 있는 강력한 문구를 사용하여 계속해서 질문하여 프레젠테이션이 마치 드라마와 같이 극적이면서도 자연스럽게 이끌어 나가도록 만든다.

톰 헤그너(Tom Hegna)

프레젠테이션 효과 극대화를 위한 13Tips

1. 고객에게 자신의 보험니즈와 보장자산의 확보를 충분히 인식시킨다.

2. 고객에게 자신이 처한 상황과 그것을 근거로 한 나의 제안을 확실히 이해 시킨다.

3. 고객이 자신의 보험니즈와 책임을 적극적으로 생각할 수 있게 한다.

4. 고객의 책임과 보험의 중요성 및 자산운용 포트폴리오의 필요성을 인식 하게 한다.

5. 제안한 보장(재무)플랜에 고객이 응하도록 동기를 부여한다.

6. 고객의 심리를 사전에 감지하여 거절이나 반대를 하지 못하게 선수를 친다.

7. 구매 욕구를 불러일으켜 무리 없이 묵시적인 동의로 이끌어낸다.

8. 일반적으로 직면하는 문제점을 스토리텔링 기법을 활용해 지적한다.

9. 재정안정상의 문제점을 공포효과를 노린 충격화법을 사용하여 실감하게 한다.

10. 인생재테크를 완성하기 위한 이상적인 해결책으로서 최적의 보험상품을 제시한다.

11. 고객 스스로 구매 욕구를 가지게 동기를 부여한다.

12. 우리나라 사람들의 생애주기적자 그래프를 보여주면서 인생 흑자시기가 매우 짧은 반면 적자시기는 58세 이후부터 평생 동안 계속됨을 제시하여 재정안정 플랜을 꼭 세워야 함을 느끼게 한다.

13. 재정안정 설계로 인한 안심효과를 심어주면서 클로징(Closing)을 신속히 하여 판매를 종결한다.

보험 소개의뢰화법
Action Planning

소개화법 전개는 반드시 자신의 협력자로서 상호신뢰가 깊게 형성된 다음에 실시한다. 소개의뢰할 때에는 대충 하지 말고 꼭 집어서 부탁한다. 그래야 소개자도 안심하면서 그 숫자에 맞는 최소공약수(피소개자)를 찾는다. 소개자에게 심적인 부담감을 주지 않겠다는 의사를 확실히 표시하여 안심시켜야 소개받기 수월해진다.

설득화법 Action Planning

신계약 체결 직후 소개의뢰화법

■ 보장플랜을 완벽히 세우신 것을 진심으로 축하드립니다. 이젠 ○○ 님 가정의 미래에 부담감을 갖지 않으셔도 됩니다. 그만큼 일상생활이 자유로울 겁니다. 앞으로 ○○님과 같이 훌륭한 분을 많이 만나 뵙고 싶습니다. ○○님 주변에 재정안정설계를 아직 받지 않은 분이 계

시면 소개를 부탁합니다.

■ 역시 ○○님의 선견지명과 가족을 사랑하는 마음은 알아줘야 해요. 그런데 ○○님! 제가 ○○님께 한 가지만 더 말씀드리고 싶습니다. 제가 새로운 고객을 만나는데 ○○님의 도움이 필요합니다. FC는 계약도 중요하지만 고객을 만나는 게 바로 존재 이유이고 일하는 데에 가장 큰 활력소가 됩니다. 그러니 ○○님께서 소중히 생각하는 분 가운데 딱 세 분만 소개해주세요. ○○님 같은 분이면 정말 좋겠어요.

■ ○○님의 기대에 보답하기 위해서라도 더욱 훌륭한 보험컨설턴트가 되도록 노력하겠습니다. 저의 고객이 되신 것을 다시 한 번 진심으로 축하드립니다. 그런데 ○○님! 보험혜택을 혼자만 받으시면 안 됩니다. 평소 소중하게 생각하는 분 가운데 딱 한 분만 소개해주세요.

■ ○○님! 오늘부터 삶의 불안 염려는 하지 않으셔도 됩니다. 그런데 기쁨은 나누면 두 배로 커진다고 하듯, ○○님께서 준비하신 것처럼 주변에 계신 분 가운데 평소 이 ○○보험에 관심 있는 분을 소개해주시겠습니까? 소개하시면 그분을 방문해서 제가 어떤 도움을 드릴지 알려드리려 하거든요. 흥미가 있는 분에 한해서 자세한 말씀을 드리기 때문에 오히려 그분께 도움이 될 거예요. 부탁드립니다.

■ ○○님 가정의 미래를 위한 이 재무플랜에 만족하시죠? (동의하면) 그럼 ○○님께서 제일 친한 세 분을 소개해주시면 그분들께도 가정의 미래를 위한 재무플랜을 세워드리고 싶습니다. 누구나 불의의 사고 (질병)가 있기 전 자신의 가정을 한번쯤 생각해볼 좋은 기회라고 생각합니다.

■ ○○님! 신중하게 검토한 후 계약하시는 모습을 보니까 정말 기뻐요.

이제부터 노후 걱정을 접으시고 밝고 건강하게 생활하시면 됩니다. 그런데 ○○님! ○○님처럼 노후 준비를 하려는 분이 계시면 딱 한 분만 소개해주시겠습니까? 절대 부담 갖지 마시고요. 노후 준비에 흥미 있는 분에 한해 자세하게 말씀드리기 때문에 ○○님께는 폐를 끼치는 일은 절대 없을 겁니다.

■ 진심으로 축하합니다. 자랑스럽고 떳떳한 마음으로 가족을 위해 보장자산을 마련하신 데 대해 다시 한 번 축하드립니다. 이제부터는 가족의 미래 생활 불안은 떨쳐버리고 현재의 가족을 위해서만 열심히 노력하면 됩니다. 지금까지 제가 말씀드린 내용이 실제로 도움이 되셨습니까? (긍정적 대답 유도) 그러시다면 다행입니다. 마지막으로 한 가지 더 말씀드리고 싶은 게 있습니다. 오늘 제가 ○○님에게 말씀드렸던 보장플랜을 다른 분들께도 정중히 제안하고 싶습니다. ○○님께서 아는 분 가운데 세 분만 소개해주시겠습니까?

계약체결 이후 방문할 때 소개의뢰화법

■ 지난번에는 감사했습니다. 그런데 ○○님과 친하게 지내는 친구를 소개받고 싶습니다. 연하장이나 카드를 받으신 분 가운데 두 분쯤 어떻겠습니까?

■ 지난번 계약 정말 고마웠습니다. 다시 한 번 축하(감사)드립니다. 이번에 한 가족이 되신 ○○회사의 제품(상품)은 지금 대단히 좋은 평판을 얻고 있습니다. 저는 이 ○○회사의 좋은 상품(서비스)을 더 많은 고객에게 알리고 싶습니다. ○○님의 친구 가운데 두 분 정도만 소개해주시지 않겠습니까?

협력자를 방문할 때 소개의뢰화법

■ ○○님께서도 동감하겠지만 저는 이 직업을 평생직업으로 가꾸면서 열심히 활동하고 있습니다. 그래서 보험을 권유할 때 ○○님도 아시다시피 정말 가족같이 생각하면서 보험이 꼭 필요하고 보험료를 지불할 능력이 있는 사람에게만 권하거든요. 솔직히 말씀드리면, ○○님처럼 좋은 분들을 제 고객으로 모시고 싶습니다. 지인 가운데 경제상태가 좋은 세 분만 추천해주시겠습니까?

■ 제가 만나 뵙고자 하는 분들은 ○○님 같은 분입니다. 그분께도 서비스를 제공하고 싶습니다. 오늘 제가 ○○님께 말씀드린 것과 같은 내용으로 도움을 줄 수 있는 분을 소개해주십시오. 이 좋은 상품을 ○○님과 가까운 분 가운데 꼭 필요하다고 여겨지는 분이 계시면 세 분만 소개해주시면 고맙겠습니다. 혹시 최근에 새로 이사한 분을 알고 계십니까?

■ ○○님같이 좋은 분이 계시면 한 분 소개해주시기를 부탁합니다. 저는 개척활동을 주로 하다 보니 ○○님같이 든든한 고객이 드물답니다. ○○님 주위에 아는 분을 소개해주시면 정말 커다란 힘이 될 겁니다. 저를 믿으시면 마음 편하게 잘 아는 분 세 분만 소개해주시길 부탁합니다. (소개할 경우) 괜찮으시다면 이 분이 마음을 열고 만날 수 있게 전화 한 통 부탁드립니다. 그리고 이 소개장에 ○○님의 명함을 첨부해주시면 도움이 많이 되겠습니다.

■ ○○님 주변에 훌륭한 사람이 많이 계시는 것 같습니다. ○○님이 가장 편하신 분 가운데 딱 한 분만 소개해주십시오. 한 분만 소개해주시면 제게 정말 도움이 많이 될 겁니다. ○○님 명함 뒤에 그분 성함

과 전화번호 부탁드릴게요. 소개하실 말씀 한마디 적어주시면 더욱 좋고요.

■ 안녕하세요? ○○님! 잘 지내셨어요? 가족도 다 안녕하시고, 건강하시죠? 그동안 ○○님께서 많이 도와주신 것 다시 한 번 감사드려요. ○○님! 부탁 하나 드릴게요. 주위에 노후 준비에 관심 있거나 노후 준비가 필요한 분을 소개해주셨으면 하거든요. 소개해주시면 그분을 방문해 제가 큰 도움을 드릴 수 있다고 생각해요. 특히 개인연금에 흥미 있는 분께만 자세하게 말씀드리기 때문에 ○○님께 폐를 끼치는 일은 절대로 없을 거예요. 어떠세요? ○○님! 학교 친구(고향, 직장 등) 중에 세 분만 소개해주십시오.

■ 지난번에는 좋은 분 소개해주셔서 정말 감사합니다. 이를 인연으로 더욱더 많은 봉사를 하겠습니다. 그런데 ○○님! 지난번 이야기하던 도중에 나왔던 학창시절의 친구를 이번 기회에 꼭 소개해주십시오. ○○님, 저는 제 고객들의 재정적 안전보장을 도와주기 때문에 이 일에 열정이 있습니다. 많은 분이 제가 제공하는 서비스에 무척 만족해하십니다. ○○님께서 소개해주시는 분에게도 만족을 드리고 싶습니다. ○○님께서 소중하게 생각하는 분이 불행한 일을 당하셨을 경우 ○○님께서 해주실 수 있는 일은 그리 많지 않을 겁니다. 저에게 소개해주시는 것만으로도 ○○님께서는 아주 좋은 일을 해주시는 것과 마찬가지입니다. 소중한 분들이 큰일, 불행한 일에 대비할 수 있는 선택을 하도록 제게 기회를 주시겠습니까?

■ 언제나 신세를 지고 있습니다. 이번 달에는 저희 회사 캠페인 달인데 (고객들에게 호응이 좋은 상품이 출시되었는데) 저도 발 벗고 나서서 이 소식

을 알리고 싶어 이렇게 ○○님을 찾아뵙고 부탁 말씀드리는 겁니다. 동업에 종사하는 분 가운데 친하게 지내는 (이 상품을 권할 만한) 분 ○명을 소개해주시면 매우 감사하겠습니다.

■ 오늘 들른 것은 보험에 대한 이해를 바탕으로 가능하다면 협조를 해달라고 부탁드리고 싶어서입니다. 아시다시피 보험은 미래의 재정 안정을 위한 상품이라서 이것을 판매하는 데는 신용이 필요합니다. 그래서 보험을 '신용을 파는 일'이라고 합니다. ○○님은 이 지역의 유지로서 절대적인 신용이 있습니다. ○○님의 신용과 영향력을 빌리고 싶습니다. 허락해주실 거죠?

Top 에이전트가 전하는 성공 노하우

대부분의 세일즈맨들은 10년이 지나면 고객발굴 활동을 더 이상 하지 않는다. 20년이 지난 내가 기존 고객들과 일을 하는 것은 비즈니스의 50%다. 나머지 50%는 유망고객을 발굴하는 데 집중한다.

스티븐 소모기(Stephen Somogyi)

영업을 잘하려면 두 가지만 명심하면 된다. 첫째, 고객들은 정당한 가격을 원한다. 둘째, 고객들은 자기가 좋아하는 세일즈맨에게 상품을 구매한다. 즉, 고객이 좋아하는 세일즈맨이 정당한 가격을 제시하면 계약이 성사된다.

조 지라드(Joe Girard)

피소개자 접근화법
Action Planning

Selling Point　피소개자는 처음에는 소개자의 영향력 때문에 만나주는 경향이 있지만, 모든 만남이 그렇듯 첫인상이 중요하므로 고객을 만날 때는 몸가짐과 행동에 유념하면서 어떻게 대화를 전개할지 준비한다. 반드시 미리 약속을 잡고 최대한의 매너를 보여주면서 아이스브레이킹 (Ice Breaking)을 해서 피소개자에게 신뢰감을 준다.

설득화법 Action Planning

- 전화로 말씀드린 것처럼 ○○님께 가족을 위한 재정안정플랜을 설계해드렸더니 매우 만족해하셨습니다. 그래서 이러한 서비스를 해줄 가장 소중한 한 분만 소개해달라고 부탁드렸더니 주저 없이 ○○님을 추천하셨습니다.
- 소개해주신 ○○님이 터놓고 애기할 가장 신뢰하고 절친한 친구라고

말씀하셔서 상당히 부담스럽고 조심스러웠습니다. 하지만 이렇게 만나 뵙고 보니 정말 좋은 분 같아서 마음이 놓입니다. 제가 오늘 이 보장플랜을 설명하려고 하는데 ○○님의 소중한 시간에서 20분만 제게 할애해주세요. 괜찮으시죠?

■ ○○님! ○○님의 소개로 인사드리게 된 보험컨설턴트 ○○○입니다. ○○님은 정말 능력 있고 회사에서는 없어선 안 될 소중한 분이라고 들었습니다. ○○님께서 얼마나 ○○님의 칭찬을 많이 하시는지 꼭 한 번 찾아뵙고 저의 고객으로 모시고 싶다고 하였더니 소개해주셨습니다. 괜찮으시죠?

■ ○○님! ○○님께 말씀 많이 들었습니다. 생활력도 강하고 매우 알뜰하다고 하시더군요. (열정과 능력이 대단한 분이라고 칭찬하시더군요.) 하도 많이 들어서 그런지 처음 뵙는데도 어색하지 않네요. 직접 뵈니까 결코 과찬이 아니었구나 하는 생각이 듭니다. 보험에 대해 궁금한 사항이 있으면 언제든지 연락해주세요. 성심껏 상담해드릴게요.

■ 안녕하세요! 지난번 ○○님과 같이 계셨을 때 인상이 참 좋으시고 이지적인 모습이어서 만나 뵈면 배울 점이 많을 것 같아 소개해달라고 졸라 이렇게 찾아뵈었습니다. 괜찮죠? 사람들이 제게 인복이 많다고 하는데 맞는 말 같아요.

■ 안녕하세요! ○○님께 말씀 여러 번 들었습니다. ○○님은 저의 고객으로서 잘 알고 지내고 있습니다. ○○님과는 언제나 터놓고 얘기할 막역한 사이라고요. 그래서 이렇게 소개해주셨나 봐요. 정말 반갑습니다. 인상이 워낙 좋으셔서 그런지 처음 뵙는데도 전혀 낯설지 않고 마음이 편안합니다.

- ○○님에게 ○○님에 대한 좋은 말씀 많이 들었습니다. ○○님은 저의 협력자로서 제게 도움을 많이 주고 계십니다. 만나 뵈어 정말 반갑습니다. 그런데 제가 아는 분과 성함이 비슷해서 처음에는 깜짝 놀랐습니다. 앞으로 잘 부탁드리겠습니다. (가능하면 이렇게 아는 체하며 둘러대는 것이 효과적이다.)

- ○○님은 저의 오랜 협력자로서 평소 많이 도와주십니다. 항상 고맙게 생각하지요. ○○님을 소개하시면서 참 좋은 분으로 잘 협조해주실 거라고 말씀하시더군요. 잘 부탁드리겠습니다.

- 좋은 분을 만나 뵙게 되어 정말 감사합니다. 그냥 보험 정보를 드리려고 찾아뵌 것이니 부담 갖지 마세요. 가입하지 않으셔도 됩니다. 하지만 ○○님께서 보험의 진정한 가치는 알아두셔야 일상생활에 도움이 됩니다. ○○님께서는 인생을 즐기며 멋지게 사는 분이라고 들었습니다. 그러려면 가정의 미래 설계가 무엇보다 우선이어야 하는데 그에 대한 준비는 해놓으셨나요?

- ○○님! 지난번 ○○님 소개를 받았을 때 고향이 ○○라고 들었는데 저와 같아서 더욱 반갑습니다. ○○님 같은 분께 유익한 정보를 드리려고 찾아뵈었습니다. 이것이 ○○님께서 써주신 소개장입니다. ○○님 댁의 가정생활설계를 하기 위해서는 현재의 재정 상태를 알아야 합니다. 그래야 정확하고 믿을 수 있는 자료를 제공할 수 있거든요.

- ○○님 말씀대로 인상이 아주 좋으시군요. ○○님은 제가 설계해드린 라이프사이클과 보장설계플랜에 대해 걱정만 하면서 미처 준비하지 못하던 차에 큰 도움이 되었다고 하면서 아주 만족해하셨습니다. ○○님께서 만족하셨듯이 그 혜택을 나눌 아주 절친한 분을 소개

해달라고 부탁드렸더니, 주저 없이 ○○님을 소개하시더군요. 부담 갖지 마시고 제 설명을 한번 듣기만 하면 됩니다.

- 안녕하십니까? 처음 뵙겠습니다. 저는 ○○보험의 보험컨설턴트 ○○○입니다. ○○회사의 ○○님 전화 받으셨죠? ○○님 말씀으로 는 ○○님이 이 회사에서 제일 바쁜 분이라고 하셨는데 직접 뵈니까 과연 유능한 분 같군요. 앞으로 제가 좋은 정보를 제공하면서 재무 설계에 관한 상담을 해드릴게요. 궁금한 점이나 필요한 사항이 있으 면 언제든지 연락 주세요. 제가 도움을 드릴게요. 다음에 다시 찾아 뵙겠습니다. 만나 뵙게 되어 정말 반갑고, 바쁜데 시간 내주셔서 감 사합니다.

- ○○님과 맺은 좋은 인연을 다른 분과도 이어가서 그분에게도 재무 설계 시 꼭 도움되도록 해 드리고 싶습니다. 더도 말고 딱 한 분만 소 개해주세요. 저에게 ○○님이 잘 아시는 좋은 분을 소개해주시는 것 만으로도 ○○님께서는 아주 큰일을 해주시는 것과 마찬가지입니다. 부탁드립니다.

Top 에이전트가 전하는 성공 노하우
상품 설명은 상대방에게 유익한 정보를 제공하는 도움의 장이 되어야 한다. 단지 판매를 하는 데만 포커스를 맞추면 안 된다. 고객에게 도움되는 정보를 모두 섭렵한 후 눈높이에 맞춰 대화를 이끌도록 해야 한다.

시바타 가즈코(芝田和子)

공들여 닦아놓은 계약이 날아가려 한다

김 FC는 어느 고객과 10년 넘게 거래했다. 그런데 그 고객이 지방으로 이사했다. 그러면 연락이 뜸해지기 마련이다. 자주 방문은 못할망정 정기적으로 해피콜은 꼭 했다.

그런데 어느 날 전화가 왔다. 자세한 얘기는 안 하고 거리가 멀어 방문 수금이 힘들 테니 자동이체로 돌려달라는 것이었다. 예감이 좋지 않아 무슨 내막이 있나 싶어 찾아갔다.

아니나 다를까, 망설이던 끝에 고객이 "여기 옆집에 보험설계사가 있는데 앞으로는 그분에게 하고 싶다"라는 청천벽력 같은 말을 했다.

김 FC는 어안이 벙벙하였다. 10년이면 강산도 변한다지만 그동안 무슨 일이 있었기에 철석같이 믿던 고객 입에서 이런 말이 다 나올까?

감정을 삭이면서 김 FC는 자문해보았다. 과연 나는 이사했다는 핑계로 고객에게 서운하게 한 것은 없는지 곰곰 생각하니 고객을 너무 믿은 게 잘못이었다. 내 생각만 해서 보험료도 통장으로 보내달라고 하고, 전화도 수금이 임박했을 때만 하고, 멀다는 핑계로 또 바쁘다는 핑계로 이웃사촌같이 살갑게 대하지 못한 것이었다.

바로 이 고객은 서로 멀어진다는 데 대해 김 FC에게 서서히 실망하는 과정이었다. 김 FC는 그간 자기 생각만 해서 미안하다고 하면서 허심탄회하게 이야기를 나누었다.

다음번에 갈 때는 고객이 평소 좋아하는 예쁜 꽃이 피어 있는 다년생 화분을 사서 그 집 남편이 있을 때 찾아갔다. 이 얘기, 저 얘기 나누면서 다시 오랜 지기로 돌아오게 마음의 문을 열고 진실한 모습을 보여주었다. 돌아오면서 김 FC는 고객을 평생지기로 삼기가 얼마나 힘든 일인지, 또한 어떻게 관리해야 하는지 새삼스럽게 깨달았다.

Top 에이전트가 전하는 성공 노하우
세일즈맨이 상품과 서비스의 특징과 이점을 제시하여 고객이 밝힌 2개 이상의 니즈를 만족시킬 수 있음을 구체적으로 보여주고 설득할수록 세일즈의 성공 확률이 높아진다. 성공적인 세일즈에서는 고객에게 제시되는 이점의 수가 실패한 세일즈보다 평균 다섯 배 이상이나 된다.

Achieve Global(미국 교육컨설팅사)

고객의 마음을 읽는 질문화법
Action Planning Tips

세일즈 화법 중 고객의 반응이 다소 미온적이거나 심리를 알 수 없을 때
가장 효과적인 기술은 질문법을 사용하는 것이다.

– 프랭크 베트거(Frank Bettger)

상황파악용 질문화법
Action Planning

- 보험의 기본적 기능이 무엇이라고 생각하십니까?

- 보험에 대해 어떻게 생각하십니까?

- 보험은 몇 개나 가입하셨습니까? 어떤 목적으로 가입하셨습니까?

- 보장의 크기는 얼마나 됩니까?

- 가족구성원은 어떻게 됩니까?

- 노후 생활자금 규모는 얼마나 생각하십니까?

- 연봉은 얼마나 됩니까?

- 보장기간은 언제까지입니까?

- 혹시 보험혜택을 받으신 적 있으십니까?

- 그 보험에 가입한 이유는 무엇입니까?

- 어느 보험회사와 거래하고 계십니까?

- 자녀는 몇 분이나 두셨습니까?

- 결혼하신 지 얼마나 되셨나요?

- 매월 보험료는 얼마나 지출하십니까?

- ○○님이 가장 중요하게 생각하는 금융투자 대상은 어떤 것입니까?

- 현재 어느 부분에 투자하고 계십니까?

- 한 달 생활비는 얼마나 지출하십니까?

＊

- 주위에 보험금을 탄 분이 계십니까?

- 기존 보험은 누구에게 가입하셨습니까?

- 저축은 어느 정도 하시는지요?

- ○○보험에 대하여 알고 계십니까?(○○회사 보험에 대해 들어보셨습니까?)

- 현재 경제권은 어느 분이 가지고 계십니까? 사모님께서는 직업이 있습니까?

- 자녀 교육비는 한 달에 얼마나 지출하십니까?

- 자녀에게 특별한 바람이 있으십니까?

＊

- 혹시 부채가 있습니까?

- 정년은 언제까지라고 보십니까?

- 외국계 보험사 직원을 만나본 적이 있습니까?

- ○○님께서 가장 소중하다고 생각하는 것은 무엇입니까?

- 자녀들은 어디까지 교육할 생각이십니까?

- 자녀들은 어느 분야에 재능을 보입니까?

- 자녀에게 바라는 기대나 희망은 무엇입니까?

- 다른 FC의 보험컨설팅을 받아보았다고 하셨는데 그 느낌은 어떠셨습니까?

- 사교육비는 얼마나 듭니까?

- 어느 곳에 사십니까?

- 제가 전화했을 때 어떤 느낌이 드셨습니까?

- 재정자문을 해주는 분이 계십니까?

- 이미 가입한 보험의 보장 내용을 정확히 알고 계십니까?

- 최근 건강검진을 받아본 적이 있습니까?

- 혹시 보험혜택을 받아본 적은 있습니까?

- 가족의 사랑(행복)이란 무엇이라고 생각합니까?

- 행복의 근원은 내 가족이라고 생각할 수 있지 않을까요?

- 이 세상에서 가장 소중한 사람은 누구라고 생각합니까?

- 당신의 가치를 혹시 돈으로 환산해보셨습니까?

- ○○님께서 보험회사를 경영한다면 어떻게 하고 싶으십니까?

*

- 현재 이용하는 금융권은 어디십니까?

- 한 달 생활비가 얼마나 되는지 아십니까?

- 월급을 집에 못 갖다준 적이 있습니까?

- ○○님께서는 돈 자체를 위해서 일하십니까? 아니면 필요한 만큼 벌기 위해서 일하십니까?

- 돈은 왜 필요하다고 생각하십니까?

- ○○님도 자녀에 대한 희망이나 바람 같은 것 있으시죠? 어떤 꿈을 갖고 계십니까?

- ○○님께서 돌아가신다고 가정하면, 돌아가시는 시점에서 생각할 때 가장 잘한 일이 있다면 무엇이라고 생각하십니까?

- 행복의 근원은 바로 ○○님의 가족이라고 할 수 있지 않을까요?

- 사랑하는 아내와 자녀에게 일상생활의 안정을 선물로 주시지 않겠습니까?

- 금융소득 종합과세에 대해서 모르시면 세제 면에서 손해 보시지 않겠습니까?

Top 에이전트가 전하는 성공 노하우

당신이 꿈꾸는 것이 있다면 그것을 글로 적어놓고 실천에 옮겨라. 단지 생각과 말만 해서는 큰 꿈을 실현할 수 없다. 자신이 되고자 하는 것을 생생하게 기록하고, 간절히 바라고 강하게 밀어붙인다면 그것이 무슨 일이든 반드시 이루어진다.

폴 마이어(Paul Meyer)

문제인식 제고용 질문화법
Action Planning

- 보험에 가입하지 않았는데 불안하지 않으십니까?

- 요샌 하도 사고가 많아 일상생활에 불안감을 느낀 적이 있으시죠?

- 노후가 자기책임인 장수시대, 노후에 대해 불안한 기분은 들지 않으십니까?

- 재정분야에 관하여 만족할 만한 상담을 받고 계십니까?

- 담당 FC의 서비스에 불만은 없으십니까?

- 지금의 저축금액으로 미래가 불안하지는 않으십니까?

- 금융소득 종합과세에 대해 불안하지 않으세요?

- 앞으로도 계속 건강할 거라고 자신하세요?

- 가장으로서 책임을 다하고 있다고 생각하십니까?

- 은퇴 후에도 현 생활수준을 유지할 만큼 준비되어 있습니까?

- 보험이 많아서 부담스럽지는 않으세요?

- 보험 때문에 속상했던 경험이 있습니까?

- 현재 가입한 보험내용에 만족하십니까?

- 서비스 측면에서 불편한 점은 없으신가요?

- 현재 노후생활 대비에는 문제가 없으십니까?

- 저축만으로 노후 준비가 충분하겠습니까?

- 국민연금(퇴직연금)으로 노후대책이 충분하다고 생각하세요?

- 월 ○○만 원의 보험료가 지출되는데 생활이 어렵지는 않으십니까?

- 보장기간은 충분하다고 생각하십니까?

- 보험사(또는 보험)에 대해 왜 부정적인 생각을 하시지요?

- ○○만 원으로 가정을 충분히 지킬 수 있다고 생각하십니까?

- 현재 가입한 보험이 가정을 완벽하게 지켜줄 수 있다고 보십니까?

*

- ○○님께서 9·11 테러 때나 대구지하철 중앙로역 방화사고 때 현장
  에 계신 상황을 생각해보셨습니까?

- 축구 경기에서 수비 없이 공격만 하면 어떻게 되겠습니까?

- 보장에 비해서 보험료가 적절하다고 생각하십니까?

- 상속세를 줄이거나 소득세를 줄이는 방법을 알고 있습니까?

- ○○님께서 은퇴하셨을 때 고정적 수입보다 더 가치 있는 것이 있을
  까요?

- 앞으로 자신에게 일어날 수 있는 위험에 대비하여 얼마나 준비하고
  계십니까?

- 이 세상에서 가장 소중한 사람을 위해 당신은 무엇을 준비했습니까?

- 현재 준비된 자금으로 당신이 사망하더라도 남은 가족은 흔들림 없
  이 살아갈 수 있다고 생각하십니까?

- 당신이 불행한 사고로 사망한다면 부인과 자녀의 경제문제를 누가

해결해줍니까?

- 텔레비전에서 자주 다루는 노인 문제를 어떻게 생각하십니까?

- 노후의 고갯길을 걸어서 넘으시겠습니까? 즐겁게 유유자적하면서 넘으시겠습니까?

- ○○님께서 은퇴하셨을 때 여생을 여유 있게 살려면 필요한 자금은 얼마나 되는지 생각해보셨습니까?

*

- ○○님께서 죽거나 불치의 병에 걸린다면 사랑하는 아내와 자녀들은 어떠한 불행을 겪을지 생각해보셨습니까?

- 가정과 가족을 책임진 가장에게 예고 없이 영원한 이별이 찾아온다면 남은 가족은 어떻게 되겠습니까?

- ○○님의 부모께서 일찍 돌아가셨다면 오늘의 ○○님 모습은 어땠을까요? ○○님께서는 ○○(자녀 이름)가 몇 살쯤 결혼하기를 바라고 결혼비용은 어느 정도 생각하십니까?

- ○○님이 불행한 일을 겪는다면 ○○님께서 안 계신 것도 서러운데 현재 융자받은 대출금을 갚지 못해 가족이 작은 집으로 이사해야 하는 상황이 발생하게 방치하고 싶지는 않으시겠죠?

- ○○님께서는 집과 자동차에 해마다 상당한 액수의 금액을 지출하십니다. 가족을 위해서 그 금액의 절반 정도를 투자하는 것이 어떻겠습니까?

- 만약 ○○님께서 돌아가신다면 돌아가시는 시점에서 생각해볼 때 가장 잘한 일은 무엇이라고 생각할 것 같습니까?

- ○○님께서 세운 모든 계획이 뜻한 대로 잘 진행된다는 것을 언제까

지 보장할 수 있습니까?

■ ○○님께서 세운 계획이 언제나 잘 진행되는 것을 언제까지 보장할 수 있습니까?

■ 가장으로서 어떠한 일이 있더라도 희망하는 대로 가족이 잘살기를 원하나요? 아니면 인생을 오로지 가족에게만 맡길 생각이십니까?

*

■ 하루에 평균 700여 명이 사망한다고 합니다. 그런데 그중 240명이 가정경제를 책임진 엄마와 아빠 등 가장이라고 합니다. 가정과 가족을 책임진 가장에게 예고 없이 영원한 이별이 찾아온다면 남은 가족은 어떻게 되겠습니까?

■ 매일 240명의 아빠가 사망하는데 그중 88%가 질병 등으로 인한 일반사망입니다. ○○님께서 죽거나 불치의 병에 걸린다면 사랑하는 아내와 자녀는 어떠한 불행을 겪을지 생각해보셨습니까?

■ ○○님께서 갑자기 치명적인 상황에 빠졌을 때 누가 돌봐줄 수 있겠습니까? 치료비는 누가 대고 앞으로 평생 동안 생계와 수발은 누가 들어줍니까?

■ ○○님께서 한 달밖에 살 수 없는 시한부 인생이라면 ○○님께서는 가족을 위해 무엇을 해주고 싶습니까?

■ ○○님은 행복이 무엇이라고 생각하십니까? 소중하게 꿈꾸어온 일들이 이루어졌을 때 느끼는 감정이 행복 아닐까요? 가장 소중한 것은 사랑하는 가족 아닐까요?

■ ○○님께서 소득이 아예 없거나 불행히 돌아가신다면 ○○님의 가족은 어떻게 될지 생각해보셨습니까?

- 당장 현금이 없으면 부동산이 아무리 많아도 상속할 때 부족하지 않을까요?

- 국민연금을 믿고 계신데 그것이 제구실을 못한다면 노후생활이 어렵지 않겠습니까?

- ○○님이 계시지 않는 상황에서 가계자산이 별로 없다면 아내가 자녀 양육을 포기할 수 있다고 생각지는 않으십니까?

- 부모들은 물론 자녀들도 대학까지 가고 싶어합니다. 그러나 돈이 없다면 자녀의 앞날은 어떻게 합니까? 날이 갈수록 취업하기도 쉽지 않은데 좋은 직장을 선택하려면 기본 스펙은 반드시 구비되어 있어야 합니다.

- 자동차도 정기적으로 검사를 받는데 가장의 몸값이라고 할 수 있는 가입한 보험도 종합적으로 점검받으셔야 하지 않겠습니까?

Top 에이전트가 전하는 성공 노하우

고객에게 어떻게 하면 상품을 팔 수 있는가를 모색하는 것보다는 그들이 상품을 선택할 수 있도록 도우려면 어떻게 해야 할지 그 방법을 잘 알려주는 것이 가장 중요하다.

게리 시츠먼(Gary Sitzman)

니즈환기 유도 시사성 질문화법
Action Planning

- ○○님께서 부채만 남기고 돌아가신다면 남은 가족은 어떤 고통을 받을 거라고 생각하십니까?

- 특별한 노후 대책이 없으신데 미래의 자녀에게 큰 부담이 될 수 있다고 생각해본 적 없으십니까?

- 현재의 보장이 ○○님의 가족에게 전혀 도움이 되지 않는다면 계속 납입해야 할 보험료가 무용지물이라고 생각지는 않습니까?

- 지금 준비하지 않으면 영원히 이런 기회가 오지 않을 수도 있지 않겠습니까?

- 돈이 없다고요? 그러면 ○○님께서는 이런 상황을 자녀에게 대물림하고 싶으십니까?

- ○○님의 무관심으로 아이의 인생이 바뀐다면 어떻게 하시겠습니까?

- 가장이 없는 가정에서 자녀가 어디까지 교육을 마칠 수 있다고 생각하십니까?

- 지금부터라도 노후자금을 준비하지 않으면 미래에 경제적 안정이 이루어지겠습니까?

- ○○님께서 아무런 준비 없이 고도의 장애를 입는다면 사랑스러운 자녀들은 올바른 성장이 가능하겠습니까?

- 실질소득과 신고소득 사이의 괴리를 해결하지 못하면 세무조사의 위험이 있지 않겠습니까?

- 보장이 없는 현 상황에서 사고를 당해 수입이 끊길 경우 부인이 길거리 행상으로 나갈 수 있다고 생각지는 않으십니까?

- 현재 재해 위주의 보장이 대부분인데 만약 질병으로 일반사망이 발생했을 때 남은 가족은 생활이 위험하지 않겠습니까?

- ○○님이 계시지 않는 상황에서 보장금액이 부족하면 아내가 자녀 양육을 포기할 수 있다고 생각지는 않으십니까?

- ○○님이 계시지 않은 상황에서 부족한 보장 때문에 ○○님의 사랑스러운 ○○(자녀 이름)는 희망보다 포기라는 단어가 더 익숙해질 수 있다고 생각지 않으십니까?

*

- 노후자금이 부족하면 ○○님의 미래 모습은 탑골공원 골드회원이 될 수 있지 않겠습니까? 탑골공원에서 줄을 서서 무료급식을 얻어먹는 상황을 생각해보셨나요?

- 노후자금이 부족해 노후에 ○○만 원의 생활비를 갈구할 수 있다고 생각하십니까?

- 가장이 유고되었을 때 보장이 없다면 가난이 대물림될 수 있음을 생각해보셨습니까?

- 가장이 없는 상황에서 보장이 적어 엄마를 일터에 빼앗기고 혼자 노는 자녀들을 생각해보셨습니까?

- 국민연금 이외에 다른 노후 준비가 안 되었으면 30년 뒤에 자녀에게 엄청난 짐이 되지 않겠습니까?

- 아빠가 안 계신 상황에서 보장이 없다면 자녀가 원하는 외국유학의 꿈이 이루어질 수 있다고 생각하십니까?

- 현재 가입한 적은 연금으로 원하는 노후생활을 충족시킬 수 있다고 생각하시나요?

- 적절하지 못한 준비 때문에 ○○님의 자녀에게 손을 벌리는 노후생활을 원하십니까?

*

- ○○님이 건재하지 않다면 부인이 직업전선에 나서야 하는데 어떤 일을 하실 수 있으리라고 생각하십니까?

- 아무런 준비 없이 ○○님이 가족 곁을 떠난다면 가난에 허덕이는 자녀는 아빠에게 어떤 원망을 하겠습니까?

- 은퇴 후 수입은 없고 지출만 있다면 현재의 원만한 가족관계가 유지될 수 있겠습니까?

- 젊고 능력 있는 시절에는 자식과 가정을 위해 봉사했지만 노후에는 내 시간, 내 소중한 인생 여정이 되도록 해야 하지 않을까요?

- 지금 가입한 보험의 미약한 보장으로 사모님이나 자녀까지도 보장된다고 생각하십니까?

- 내 집이 마련되지 않았는데 만약 ○○님이 안 계시면 남은 가족은 평생 전세 또는 사글세를 전전하는 삶을 살지 않겠습니까?

- ○○님은 아내에게 왜 청혼했습니까? ○○님이 떠난 뒤 홀로 힘겹게 겪어야 할 경제적 궁핍을 위해서입니까?

- 상속세를 내기 위해 생명보험을 이용하지 않으려면, ○○님의 자녀가 무엇을 팔길 원하십니까?

- 사람은 자신이 원하는 적당한 때에 죽을 수 없습니다. ○○님이라고 해서 예외일 수는 없겠지요?

- ○○님께서 돌아가신다면 돌아가시는 시점에서 그동안 가장 잘한 일이 무엇이라고 생각하시겠습니까?

- 이 봉급으로 생활하는 데 어렵다고 느낀 적이 있으십니까? 그렇다면 ○○님의 가족이 이 봉급도 없이 생활해야 한다면 어떻게 될 것이라고 생각하십니까?

*

- ○○님께서는 돈 자체를 위해서 일하십니까? 아니면 필요한 만큼 벌기 위해서 일하십니까? 돈은 왜 필요한 것이라고 생각하십니까?

- ○○님께서 세운 계획이 지금은 잘 진행되지만 언제까지 이를 보장할 수 있겠습니까?

- ○○님께서는 자녀를 위해 생명도 바칠 겁니다. 그런데도 종신보험으로 자녀를 보장하는 것에는 주저하는데, 그 이유가 무엇입니까?

- 현재 이 보험금으로 ○○님의 노후를 사는 데는 충분하다고 생각하실 겁니다. 그런데 왜 사모님의 남은 인생은 이 적은 보험금으로 살게 내버려두려고 하십니까?

- 20년 동안 저축하신 것과 같이 앞으로도 20년 동안 저축하신다면 ○○님의 미래가 충분히 보장된다고 생각하십니까?

- 아빠가 없는 집에서 엄마까지 생계를 해결하기 위해 일하러 나가야 한다면 자녀에게 이보다 더 큰 고통이 있을까요?

- ○○님께서 무슨 일이 일어난다고 사모님을 어렵게 만들고 싶진 않으시겠지요?

- 가장이신 ○○님께서 이 정도 보험료가 부담스럽다면 나중에 남은 가족에게 필요자금은 어떻게 해결하며 살아가란 말씀이십니까?

- 우리가 죽는 그날이 내가 살아온 인생의 결과를 보는 날입니다. 그날을 불확실한 투기에 맡기실 수 있습니까?

*

- 사모님께서 바자회에서 무엇인가를 판다면 아마 현재 필요 없는 몇 가지일 겁니다. 그러나 ○○님께서 만약 내일 돌아가신다면 사모님께서는 무엇을 들고 나오실까요?

- 자신의 인생을 계획해보십시오. 그래야 60세 이후에 일할지, 아니면 일해야만 할지가 결정되지 않겠습니까?

- ○○님께서는 한 달만 청구서를 막지 못해도 어려움을 당하실 겁니다. 그렇다면 ○○님의 가족이 이 청구서를 막지 못할 형편에 놓인다면 어떻겠습니까?

- 우리 모두는 자녀를 대학까지 보내고 싶습니다. 그러나 돈이 없다면 어떻게 합니까?

- ○○님이 안 계신다 해도 ○○님이 계신 것과 같이 자녀가 하고 싶은 것을 마음껏 할 수 있게 준비해두는 것이 부모의 도리 아닐까요?

- 가장으로서 어떠한 일이 일어나더라도 가족이 희망하는 대로 살기를 원하십니까? 아니면 그들의 인생을 단지 그들에게 맡겨(내버려)두

시기를 원하십니까?

- ○○님께서는 만일의 사고로 사망하여 더는 계약을 이행할 수 없을 때에도 계약금을 충실히 전달하는 계약을 보신 적 있습니까?

- 보험에 가입하고 장래 재정상태를 걱정하신다는 분에 대해 들어보셨습니까?

- ○○님께서 사망하거나 장애나 실직 등으로 수입이 끊겼을 때 남은 가족이 생활하는 데 필요한 자금은 얼마인지 알고 계십니까?

*

- 누군가가 ○○님께서 노후가 되었을 때 생활비를 매달 드리기로 확실하게 약속하고 그 대신 지금부터 매일 ○○만 원을 맡기라고 하면 동의하시겠습니까?

- 만약 질병에 걸려서 전 재산을 모두 치료비로 써서 가난을 자녀에게 물려준다면 얼마나 불행한 일입니까?

- 모든 나라 노인들이 가장 걱정하고 무서워하는 것이 무엇인지 아세요? 바로 중풍과 치매 등 중증 노인성 질환이랍니다. 요새 죽음보다 더 무서워하는 질병이라는 꼬리표까지 왜 붙었겠습니까?

- 이번 주 또는 다음 주 아니면 몇 달 동안 소득이 없다고 가정해보십시오. 어떻게 살아가시겠습니까? 만약 ○○님의 봉급을 전혀 받을 수 없는 상황이 발생한다면 가족은 어떻게 생활할 것이라고 생각하십니까?

- 죽음은 우리 모두에게 필연적으로 다가오는 사건인데 만약 ○○님께서 가족을 위해 경제적으로 아무런 준비도 없는 상황에서 불의의 사고로 죽음을 맞이한다면 남은 가족의 생활은 어떻게 될까요?

- 만약 ○○님이 불행한 일을 겪는다면, ○○님께서 안 계신 것도 서러

운데 현재 융자받은 대출금을 갚지 못해 가족이 작은 집으로 이사해야 하는 상황이 발생하게 방치하고 싶지는 않으시겠죠?

- 새들은 알을 낳기 위해 어미 새가 열심히 둥지를 만들지 않습니까? ○○님도 태어날 아기를 위해 ○○보험으로 아기의 미래를 준비하면 어떻겠습니까?

- 이젠 100세 장수시대라고들 합니다. 그래서 은퇴 이후를 걱정합니다. 그런데 60세 이후부터는 경제활동 능력이 떨어져 일하기가 쉽지 않습니다. 미리 준비하지 않으면 너무도 긴 인생 황혼기가 자칫 고생길로 다가올 수 있습니다.

- 만약 ○○님께서 65세에 은퇴를 한 후 뚜렷한 직업이 없을 때 고정으로 들어오는 수입이 있다면 그보다 더 가치 있는 것이 있을까요?

- ○○님! 우리나라 사람들은 언제부터 적자 인생살이가 되는지 혹시 아십니까? 통계청이 발표한 국민이전계정에 따르면 우리나라 사람의 생애주기적자는 58세 이후부터 시작된다고 합니다. 즉, 58세부터 적자인생이 시작된다는 것입니다. 얼마나 안타까운 현실입니까? 100세 장수시대 은퇴 후의 기나긴 인생 황혼기를 대비하여 반드시 연금자산을 확보해 놓아야 합니다. 은퇴 이후의 기나긴 노후를 아름다운 골드에이지로 만들기 위해서는 연금보험으로 슬기롭게 선택하셔서 미리 준비하셔야 합니다.

현안문제 해결용 질문화법
Action Planning

- 상속을 위한 자금 준비까지 된다면 어떻겠습니까?

- 지금 당장 ○○님의 가정에 2억 원을 만들어드린다면 어떻게 하시겠습니까?

- ○○님께서는 앞으로 자녀에게 상속하실 텐데 그 상속세를 자연스럽게 해결할 방법이 있다면 검토해보시겠습니까?

- 한 가지 상품으로 모든 위험으로부터 보장을 받는다면 좋지 않겠습니까?

- ○○님의 무거운 책임을 저희 ○○회사가 간단히 덜어드린다면 어떠시겠습니까?

- 부장님께 정년 이전에는 충분한 보장을, 그 이후에는 노후생활자금을 드리는 해결안을 제시한다면 어떻겠습니까?

- 합리적인 재테크에 관한 조언을 전문가인 제가 제안한다면 도움이 되시겠지요?

- 같은 보험료로 더 많은 보장을 평생 받는다면 검토해보시겠습니까?

- ○○님께서 어떠한 상황에서라도 가정을 지킬 방법이 있다면 그 방법을 선택하시겠습니까?

- 건강을 잃으셔도 가족의 생활이 안정된다면 괜찮겠습니까?

- ○○님은 풍요로운 노후를 해결하는 방법을 원하지 않으십니까?

- 금융소득종합세를 절세할 수 있는 방법이 있다면 만족하시겠습니까?

- 자녀의 교육, 결혼자금까지 완벽하게 보장한다면 매우 도움이 되시겠지요?

- 지금의 행복하고 단란한 가정생활을 끝까지 유지할 방법이 있다면 좋지 않겠습니까?

*

- ○○님이 원하신 대로 퇴직 후 부인과 함께 세계 일주를 하게 해드린다면 만족하시겠습니까?

- 어떤 경우라도 가족을 지켜줄 보장책이 있다면 고려해보겠습니까?

- 국민연금의 부족한 부분을 해결해주면 되겠습니까?

- 향후 세금으로 빠지는 자금을 절감해주면 되겠습니까?

- 젊을 때 충분하게 보장받고 퇴직 후에도 노후 대비가 된다면 괜찮겠습니까?

- 월 납입 보험료가 비싸다고 하셨는데 보험료를 줄이고 보장을 덜 받는다면 만족하시겠습니까?

- 세금이 걱정된다고 하셨는데 저희 비과세상품으로 해결해드리면 되시겠습니까?

- 가장이 안 계시더라도 자녀의 외국유학을 실현할 대안이 있다면 들어보시겠습니까?

- 퇴직 후에도 현재와 같은 소득이 사망할 때까지 보장되는 플랜이 있다면 어떻게 하시겠습니까?
- 노후에도 아빠로서 또는 할아버지로서 짐이 되지 않고 경제적인 도움을 줄 수 있다면 어떻겠습니까?
- 보험을 구조조정하여 지금보다 적은 보험료로 지금 이상의 보장을 받고 나머지 금액을 문화생활과 자녀 교육비로 쓸 수 있게 해결해드리면 어떻겠습니까?
- 정말로 행복한 사람을 만나고 싶습니까? 자기에게 적합한 생명보험에 가입했고 왜 가입했는지 알고 있는 사람 한 명만 찾아보십시오.

*

- 영원히 산다는 전제 아래 삶을 설계해보십시오. 그리고 내일 당장 죽는다는 전제 아래 죽음에 대해 계획을 세워보세요.
- 가족이 소득 없이 생활해야 될 경우를 생각해보셨나요? 자녀에게 종신보험은 사랑하는 또 다른 부모와 같습니다. 이것 이상의 것을 구할 수 있겠습니까?
- ○○님께서는 ○○님 가족의 담보물이십니다. 보험에 가입하면 좋은 담보 역할을 다하는 것 아닙니까?
- 누군가가 ○○님이 60세가 되었을 때 매달 ○○만 원씩 부쳐드리기로 확실하게 약속한다면, ○○님께서는 지금부터 ○○만 원 정도 지불하는 것에 감사하는 마음으로 동의하시겠지요?
- 현재의 보수만큼을 미래에 확실히 보장해주는 금융상품이 종신보험 말고 또 있겠습니까?
- 누구나 죽는다는 사실만큼 확실한 것이 또 있습니까? 그에 대비한 가

정의 경제준비 수단으로 보험만큼 확실한 것이 또 있습니까?

■ ○○님이 만약 내일 사망한다면 가족은 ○○님은 물론 필요한 모든 것을 일시에 빼앗기게 됩니다. 그러나 종신보험이 있다면 남은 가족이 살 수 있는 최소한의 것을 지켜줄 겁니다. 가족이 어떻게 되기를 원하십니까?

■ ○○님께서 사모님이 벌어오는 생활비에 전적으로 의지하고 산다고 가정해보십시오. 그렇다면 사모님께서는 얼마의 보장에 가입하기를 원하시겠습니까? 그리고 사모님께서는 언제부터 보험에 가입하면 좋겠다고 생각하시겠습니까?

*

■ 사랑, 미래, 꿈, 안정, 품위, 존경심, 확신, 행복 등을 하나로 조립해서 파는 금융상품을 보셨습니까?

■ 부모로서 자식에게 보험증권을 주는 것보다 더 큰 사랑을 표현할 방법이 있을까요?

■ 가장으로서 어떠한 일이 있더라도 가족이 희망하는 대로 살기를 원하십니까? 아니면 그들의 인생을 그들에게 그냥 맡겨버리길 원하십니까?

■ ○○님께서는 집과 차에 해마다 상당한 액수의 지출을 하십니다. 그렇다면 가족을 위해서 그 액수의 절반 정도를 투자하는 것은 어떻습니까?

■ 설령 ○○님께 무슨 일이 발생하더라도 가족이 경제적 궁핍을 당하지 않도록 하기 위한 최선의 방법은 이 보험밖에 없습니다.

■ 보험의 위험 보장 기능과 은행의 투자 기능, 세제 혜택까지 다목적 기

능을 보유한 금융상품은 이 변액보험밖에 없습니다.

- 누구나 죽음에 대한 위험은 인정합니다. 그런데 문제는 어려움이 닥쳤을 때 누가 해결해주느냐 하는 겁니다. ○○님은 누가 해줄 것으로 생각하십니까?

- 우리는 누구나 늙습니다. ○○님께서는 늙은이와 노신사의 차이점을 무엇이라고 생각하십니까?

- ○○님이 다니는 회사에서 한 달 월급을 100% 지급하는 방법과 그중 5%만 떼어서 ○○님이 아플 때 치료비와 입원비를 모두 제공하는 복지플랜을 놓고 양자택일하라고 하면 어떤 것을 선택하시겠습니까?

✳

- ○○님! ○○님 가정에 한 달 생활비가 얼마나 들어가는지 아십니까? 댁에 월급을 못 갖다준 적이 있습니까? 만약 그런 일이 발생한다면 사모님의 반응이 어떨까요? 더구나 3개월 동안 못 갖다준다면 어떨까요? 아니, 만약 평생을 못 갖다준다면? 그런 만약의 경우를 미리 대비해야 하지 않을까요? 제가 그 방법을 알려드리겠습니다.

- 누구나 죽는다는 것은 확실한 사실인데 그 준비로 보험만큼 확실한 게 있습니까? 죽는 그날이 내가 살아온 인생의 결과를 보는 날입니다. 그날을 불확실한 투자에 맡기실 수 있습니까?

- 한 해 동안 돌아오지 않는 가장이 약 5,000명이나 된다고 합니다. 또 한 해 동안 부모의 교통사고나 재해, 일반사망 등으로 발생하는 고아가 약 20만 명이나 된다고 합니다. 참 험한 세상인데 만약 ○○님께서 이런 경우를 당하신다면 자녀들은 어떻게 될지 생각해보셨나요?

- '설마 나는 괜찮겠지' 하는 막연한 안심보다 만에 하나라도 불행한

일이 닥칠 경우 가족을 생각해두는 것이 진정한 가족사랑 아닙니까?

- '보험은 시간 지나면 가치가 없어'라고 말씀하시는 분을 만난 적이 있습니다. 예를 들어 지금 1억 원 하는 아파트가 20~30년 후에도 1억 원일 리는 없을 텐데 그분의 보험금은 1억 원으로 고정된 것이었거든요. ○○님은 가입한 보험을 보면서 그런 생각은 안 해보셨어요?

- 매달 꼬박꼬박 저축하면서 정작 돈이 필요할 때는 자기 돈에 손도 못 대고 현금서비스나 비싼 대출이자를 물어가며 돈을 빌려 쓰지는 않습니까? 또 보장은 받고 싶은데 혹시 중도에 사업이 잘 안 돼 불입하지 못할까 봐 고민하지는 않나요?

- '재산은 3대를 지킬 수 없다', '부자는 3대를 못 간다'라는 말이 있습니다. 보험으로 재산을 지키는 방법, 자손이 부자가 되는 방법을 강구해보지 않겠습니까?

Top 에이전트가 전하는 성공 노하우

매일 하는 전화예절에서부터 고객에게 어떻게 설명하고 이해시킬 수 있는지는 수많은 경험과 노하우, 그리고 학습훈련으로 체계화될 수 있다. 평소 롤플레잉을 통해 숙지해야 나만의 비법을 만들 수 있다.

톰 홉킨스(Tom Hopkins)

변액보험 비교우위설명 질문화법
Action Planning

- 현재 보험회사 상품 중 고객들이 선호하는 최고 인기상품이 무엇인지 아세요?

- 재테크에 밝은 우리나라 부자들이 가장 많이 가입하는 금융상품이 무엇인지 아세요?

- 의사, 변호사, 회계사 등 전문직업인과 샐러리맨, 그리고 자영업자들이 가장 많이 가입하는 재테크상품이 무엇인지 아세요?

- 미국이나 일본 등 선진국에서 제일 잘 팔리는 보험상품이 무엇인지 아세요?

- 미국이나 일본 등 선진국에서 상속 수단으로 가장 많이 활용하는 금융상품이 무엇인지 아세요?

- 미국이나 일본 등 선진국에서 증여 수단으로 가장 많이 활용하는 금융상품이 무엇인지 아세요?

- 인생재테크 수단으로 가장 실속 있는 퓨전형 금융상품이 무엇인지 아십니까?

- 미국인이 자녀 학자금이나 노후 은퇴를 위한 장기재테크플랜으로 주로 이용하는 상품이 무엇인지 아십니까?

- 판매되는 보험상품 중 자신이 선택한 포트폴리오에 따라 투자수익을 낼 고품격 상품이 무엇인지 아세요?

- 금융상품 중 보험과 투자, 입출금, 세제혜택 등 다양한 기능이 있어 미국에서는 스위스제 칼이라고 부르는 원스톱 서비스형의 종합금융상품이 무엇인지 아십니까?

- 대부분의 사람들은 제가 제안한 인생재테크플랜이 다른 어떤 재무플랜보다도 훌륭하다고 합니다. ○○님은 어떻게 생각하십니까?

- 지금까지 ○○님께 설명한 많은 금융서비스 중에서 ○○님의 경제상황에 가장 적절한 서비스는 무엇이라고 생각하십니까?

*

- ○○님의 인격과 자산에 맞는 고품격 금융상품을 찾고 계십니까?

- ○○님과 평생 호흡을 같이하면서 ○○님이 갖고 계신 자산의 리스크관리를 담당할 전문가를 찾고 계십니까?

- 다른 사람들과 차별화된 ○○님만의 인생설계를 알차게 해줄 전문가가 필요하지 않으십니까?

- 보험투자상품에 가입해 주식투자의 묘미와 펀드운용의 재미, 안정적인 위험보장, 입출금의 편리한 서비스를 모두 받아보십시오.

- 평생 고수익을 얻어 인생의 목적자금을 제때 활용하면서 평생 월급통장까지 마련하실 생각이 있으신가요?

- 부자가 대물림되는 시대, 자녀교육은 물론 자녀에게 통장을 물려주면서 자녀를 부자로 만들어주고 싶은 의향이 있으신가요?

- 보장, 재테크, 세테크를 한꺼번에 해결하고 싶지는 않으신가요?

- 인생의 고비마다 필요한 목적자금을 언제나 맘대로 찾아 쓰면서 한꺼번에 해결할 방법을 알고 계십니까?

- ○○님께서는 투자자산에 대한 세원 노출 없이 오로지 나만의 금고를 마련하여 안전하게 늘리고 싶은 생각이 있으신가요?

- 보험에 가입할 때는 충분한 금액이라고 생각했는데 시간이 지나면 보험금이 너무 적다고 말씀하는 분이 많습니다. 물가 때문에 돈 값어치가 떨어지기 때문이죠. 그런 분들은 보험증권을 볼 때마다 해약할까 고민하십니다. ○○님의 보험이 애물단지가 되길 원하는 건 아니시겠죠?

Top 에이전트가 전하는 성공 노하우

고객들은 당신과 별로 통화하고 싶지 않을 수 있다. 고객으로 하여금 전화받기를 꺼리게 하는 요인은 시간이 낭비되는 것에 대한 두려움 때문이다. 반드시 도움과 이익을 제공받을 수 있다는 확신이 들도록 만들어야 한다.

론 워커(Ron Walker)

소개의뢰 질문화법
Action Planning

- ○○님과 가장 가까운 친구 세 분은 누구십니까? 직장 동료 세 분은 누구십니까? 이웃 세 분은 누구십니까?

- ○○님이 아는 분 가운데 누가 가장 성공하셨습니까? 개인 사업을 하고 계십니까?

- ○○님이 아는 분 가운데 누가 최근에 결혼했습니까? 누가 곧 결혼합니까?

- ○○님이 아는 분 가운데 누가 최근에 아이를 가지셨습니까? 누가 아이를 갖게 됩니까?

- ○○님이 아는 분 가운데 누가 최근에 집을 사셨습니까? 누가 이웃에 새로 이사했습니까?

- ○○님이 아는 분 가운데 누가 최근에 승진하셨습니까? 누가 영전하셨는지요?

- ○○님이 아는 분 가운데 누구의 자녀가 대학에 진학했습니까? 혹시 유학 간 자녀가 있는 가정은요?

- ○○님이 아는 분 가운데 칭찬하고 싶은 분은 어느 분이신가요? 또한 어느 분을 가장 존경하십니까?

- ○○님이 아는 분 가운데 누가 ○○님의 의견을 제일 잘 따를 것 같 나요? 어느 분이 ○○님의 말씀을 잘 따라주실까요? (잘 들어줄까요?)

- ○○님이 아는 분 가운데 거래처가 확실한 분이 계신가요? 협력업체 가 있는 분은 누구신가요?

- ○○님이 아는 분 가운데 남을 잘 도와주는 분은 누구신가요? 어느 분이 봉사정신이 강하십니까?

- ○○님이 아는 분 가운데 수완이 좋은 분은 누구신가요? 어느 분이 사교성이 높습니까?

*

- ○○님이 아는 분 가운데 최근 경기가 좋은 한 분만 소개해주십시오. 출입업자 중 지금 잘나가는 분이 계십니까?

- 친구 가운데 근래 자가용을 새로 사신 분 계십니까?

- 아는 분 가운데 낚시나 골프(본인이 선호하는 레저 언급)를 저와 함께할 분 계십니까?

- 친하게 지내는 분 가운데 최근 이메일이나 편지(또는 연하장, 카드 등)를 받으신 분 계십니까?

- 지난번 계약 정말 고마웠습니다. 그때 말씀하셨던 ○○님을 만나고 싶은데 다리를 놓아주실 수 있겠는지요?

- 주변에 돈 많은 분 계십니까? 부동산을 많이 소유한 분 계시나요? 유 산을 많이 상속받은 분 계시나요?

- 주변에 맞벌이하는 분 가운데 전문직에 종사하는 분 계십니까?

- 아는 분 가운데 금융기관, 백화점, 골프장 등에서 VIP대접을 받는 분 계십니까?

- ○○님께서 아는 분들 가운데 제가 이 ○○상품의 가치를 전해드리면서 도움을 줄 분이 계시면 소개해주셨으면 합니다.

- ○○님처럼 이런 이야기를 나눌 분을 세 분만 알려주십시오. ○○님께 말씀드린 것처럼 결코 부담을 드리지는 않겠습니다.

- 저를 믿으시죠? 그럼 증거를 보여주시겠어요? 동창회나 친목회 멤버 가운데 이러한 상품을 권하고 싶은 세 분만 소개해주십시오.

*

- ○○님! ○○님과 허물없이 가까운 한 분만 소개해주십시오.

- ○○님! 지난번 뵈었던 분 인상이 좋으시던데 제게 소개해주시겠습니까? 저의 좋은 고객이 될 것 같거든요!

- ○○님께서 이렇게 좋은 보험에 가입하셨는데, 꼭 권유하고 싶은 한 분만 소개해주십시오. 부담 없이 만나 뵐 한 분만 알려주십시오.

- ○○님, 지난주 제가 방문했을 때 말씀을 나누셨던 분 기억나시죠? 그땐 제가 경황이 없어 인사도 제대로 못했습니다. 그분도 ○○님같이 인상이 좋으시던데 그분을 제게 소개해주시지 않으시겠습니까?

- ○○님 주변엔 항상 사람이 많은 것 같습니다. 다음 모임 때 제가 인사할 수 있게 해주시지 않으시겠습니까?

- ○○님 주위에 가족을 끔찍하게 사랑하는 분들을 꼭 만나서 가족사랑 방법에 대해 말씀을 나누고 싶습니다. 그분들을 꼭 만나 확실한 재정안정설계를 권하고 싶습니다. 그리 해주시겠습니까?

보험료 싼 회사랑 거래할래요

김 FC는 수요일에 다음 주 화요일에 소개 건으로 방문하기로 한 고객의 전화를 받았다. 다음 주 화요일에 방문하지 않아도 된다는 엄포성(?) 일방 통보였다. 뒤통수를 맞은 기분이 들었다. 100% 계약이 확실할 걸로 철석같이 믿고 지점장에게 보고도 해놨는데…. 다른 계약자를 방문하러 가던 김 FC는 차를 갓길에 세우고 전화를 걸어 자초지종을 들어보기로 했다.

고객의 이야기는 김 FC가 제시한 보험료보다 다른 회사 FC가 제시한 보험료가 훨씬 싸다는 것이었다. 상품도 비슷한데 보험료가 차이나니 김 FC에게 속은 느낌이라고 씩씩댔다. 고객을 진정시키면서 어느 회사의 무슨 상품인지 물어보고 "그럼 화요일 오후 4시에 사무실로 찾아가 뵙겠습니다. 그때 자세하게 말씀드리겠습니다" 하면서 "그때까지 가입을 잠시 미뤄주세요"라고 정중히 부탁했다. 고객도 소개자를 생각하면 곤란했는지 그럼 그때 보자고 했다.

김 FC는 인터넷에 들어가 다른 회사상품을 자세히 연구했다. 이튿날 조회가 끝난 다음 고객으로 분장(?)하고 해당 회사에 가서 관련약관과 상품 팸플릿을 얻어와서 지점장과 상담하면서 관련 상품을 비교분석했다.

여기서 김 FC는 해당 회사의 상품 내용에서 한 가지 취약점을 발견하였다.

쾌재를 부르며 화요일에 고객을 만나 다음처럼 고객을 설득해서 결국 클로징에 골인했다.

"○○님! 단순히 보면 ○○님께서 하신 말씀이 맞습니다. 또 그렇게 오해하는 분들도 계시고요. 그런데 ○○님! 보험에 가입하는 목적은 다양한데, 제가 그중 이 ○○보험을 ○○님께 권유하는 가장 큰 이유를 무엇이라고 생각하시나요?

저는 보험컨설턴트로서 제 소득을 위해 보험상품을 권유하지는 않습니다. 고객의 이익과 혜택에 최우선을 두면서 상품을 설계한답니다. 따라서 ○○님께 이 ○○상품을 권한 것은 다른 어떤 상품보다 ○○님에게 필요한 ○○기능과 ○○기능, 그리고 ○○혜택이 주어지기 때문입니다(자신이 취급하는 상품에만 있는 독창적인 특징과 혜택을 집중 피력해야 한다).

이러한 기능이 있는 상품은 저희 회사의 이 ○○상품밖에는 없습니다. 앞으로 이와 비슷한 상품도 나올 수 있겠죠. 그러나 생활안정을 위한 보장플랜이므로 현 시점에서는 당연히 이 보험을 적극 추천하는 것이랍니다. ○○님, 이해되시죠. 그리고 또 한 가지, 보험은 장기간 유지해야 하므로 사후 보험서비스가 생명입니다. 우리가 옷을 살 때도 단골가게를 찾듯이 보험도 저 같은 단골을 확실히 만드셔야 나중에 번거로움이 없습니다. 가격 차이도 중요하지만 보험서비스의 질이 더 중요한 세상 아닙니까? (긍정적 답변 유도)

○○님께서도 알다시피 요샌 전문가 시대가 아닙니까? ○○님의 일을 더 성공적으로 완수하기 위해서는 다른 일은 모두 전문가에게 맡기셔야 합니다. 그래야 걱정도 덜 되어 일도 잘되지요. 저를 ○○님댁의 재정안정을 책임지는 단골로 삼으신다면 ○○님께서는 행운을 잡으신 거나 진배없는 겁니다 (웃으면서)."

보험 니즈환기화법
Action Planning Tips

고객을 배려하여 가정법을 사용하지 말고 그냥 직설법을 사용하라.

보험컨설턴트는 그런 필연적인 죽음이 고객에게 닥칠 경우

고객의 가정을 보호하기 위해서 재정안정플래닝을 하는 것이다.

– 알 그래넘(Al Granum)

보험효용 니즈환기화법
Action Planning

보험컨설팅에서 보험의 효용성과 가치에 대한 니즈환기는 가장 기본이다. 보험의 효용성을 고객에게 설명할 때에는 분위기와 여건에 따라 단답 형식과 스토리텔링 형식으로 화법을 구사하는 것이 바람직하다.

재치화법 Action Planning

- 위험이 없으면 보험도 없다는 말이 있습니다. 위험이 있기에 보험이 필요한 겁니다.
- 보험은 현재는 단순히 보장을 의미하지만 미래에는 돈을 의미합니다. 우리 생활과 불가분의 관계인 가정경제의 그물망입니다.
- 보험은 기쁨을 늘리는 게 아니라 슬픔을 줄이는 게 목적입니다.
- '인간만사 새옹지마'라고 보험은 언젠가 나타날지 모를 다양한 위험

에 대비하여 미래 생활의 안정을 보전하기 위한 수단으로 가입하는 가장 미래지향적인 금융상품입니다.

■ 생명은 유한하기에 가치가 있습니다. 하지만 삶과 죽음은 서로 다른 것이 아닙니다. 죽음을 준비할 줄 아는 사람만이 삶에도 충실하다고 합니다.

■ 삶에 가치를 부여할 줄 아는 사람만이 보험의 효용과 가치를 올바로 향유할 수 있습니다.

■ 보험은 가정의 행복을 지키기 위해 필요한 자금을 꼭 필요한 시점에서 지급하는 삶의 안전장치입니다.

*

■ 보험은 유비무환을 실천하는 수단으로 경제적 손실을 보전하는 지렛대 구실을 합니다. 그리고 서로 돕고 살아가는 상생의 길을 걸어가게 해줍니다.

■ 보험은 가정을 각종 위험으로부터 지켜주는 가정경제의 '지킴이'로 가정에 행복을 가져다주는 사랑의 촛불이며 선물입니다.

■ 보험은 삶을 안정되게 하면서 삶의 질을 향상시켜주는 사회안전망 역할을 하는 사회보장제도입니다.

■ 보험은 말 뜻대로 위험을 담보하는 겁니다. 즉 언젠가 무슨 일이 생겼을 때 남은 가족의 미래 생활을 보장해줍니다.

■ 가장은 소득이라는 황금알을 낳는 황금닭과 같습니다. 황금닭이 황금알을 잘 낳을 수 있도록 보호하는 제도적 장치가 필요한데 이것이 보험입니다. 보험은 불의의 사고에 대비한 가장 합리적인 예비적 경제준비 수단으로서 가정의 안정과 행복을 보장해줍니다.

- 열 번의 헌금보다 한 장의 배상책임 보험증권이 더 따뜻한 이웃사랑입니다.

설득화법 Action Planning

미래지향적인 금융상품

보험은 사람이 사망하거나 장애를 입어 소득이 없어질 경우 또는 노후에 소득이 감소하거나 없어질 경우 그리고 불의의 사고로 자신과 가족이 손해를 입거나 다른 사람에게 손해를 끼쳐서 배상책임을 져야 할 경우 필요한 자금을 필요한 시기에 유효적절하게 사용할 수 있도록 재정적인 보장을 제공해줌으로써 당사자와 가족을 불행으로부터 구하고 각 개인이 계획했던 행복한 가정을 유지할 수 있게 재정안정 기능을 수행하는 미래지향적 금융상품입니다.

급여선택 화법

○○님, 300만 원 월급을 받고 만일의 경우에 대한 배려가 없는 직장과 월급은 260만 원이지만 만일의 경우 가족의 생활비, 자녀교육자금, 노후자금 등 가정의 필요 생활자금을 모두 지급하는 직장이 있다면 ○○님은 어느 직장을 선택하시겠습니까? 바로 후자가 보험입니다.

토털 금융서비스제도

보험은 각종 위험으로부터 소중한 가족의 행복을 지켜주는 생활의 안

정보장 기능과 더불어 풍요로운 노후를 설계하는 데 동반자 역할을 하는 재정안정 기능도 있습니다. 따라서 보험은 위험 보장이 주 기능이면서 금융과 저축 등 경제적 기능을 부수적으로 제공하는 토털 금융서비스제도라 할 수 있습니다.

보험은 선택이 아닌 필수

보험 가입은 가정의 행복 설계를 위해서는 어떤 투자대상보다 우선해야 할 필수요소입니다. 소중한 내 가족을 위한 보장 준비는 반드시 필요합니다.

보험은 가족의 바른 성장 인도

사람은 살아 있다는 이유 하나만으로 자금이 많이 필요합니다. 보험의 보장 핵심은 가장에게 어떤 일이 생기더라도 엄마와 아이들을 떨어뜨려 놓지 않고, 아이들이 엄마의 사랑을 계속 받으면서 자랄 수 있게 하는 겁니다.

경제적 보전장치

언젠가 우리 모두는 세상을 떠나게 됩니다. 하지만 우리가 언제 죽을지는 아무도 모릅니다. 생때같던 사람도 급작스럽게 죽을 수 있습니다. 가정의 주 소득원인 가장이 어느 날 갑자기 사망한다면 남은 가족에게 가장 필요한 것은 가장의 경제적 역할을 대신할 경제적 보전장치인데, 이 생활의 안전장치가 바로 보험입니다.

만약의 사태 화법

사람은 태어나면서부터 사망선고를 받습니다. 우리 인생의 중심에는 만약이라는 불확실성 변수가 항상 존재합니다. 만약은 행복과 불행 사이에 있는 경계선 같습니다. 그런데 우리는 그 불확실한 만약의 사태가 언제 올지 아무도 모릅니다.

보험은 사랑 화법

보험은 가입과 동시에 가족을 위해 보장자산을 완벽하게 마련했다는 마음의 평화를 주고 이로써 자녀에게 끈끈한 사랑이 전달되는데, 바로 이것이 보험의 진정한 의미입니다. 그래서 보험을 사랑이라고 하는 겁니다.

인생문제 해결 화법

인생을 살다보면 일찍 사망하거나 사고로 장애를 입거나 경제적으로 궁핍하거나 장수하는 경우 등 누구든지 이 네 가지 가운데 한 가지 이상을 겪는데, 보험은 어느 경우에나 그에 따른 문제를 모두 해결해줍니다.

경제적 부담 해결 화법

현대생활에서 경제적으로 해결하지 않고 이루어지는 것은 아무것도 없습니다. 사람이 살아가는 데 가장 중요한 가치관은 생활 안정인데 이는 경제적 안정에서 옵니다. 우리 가정이 질병이나 재해 등으로 위험한 상황이 되었을 때 위험을 최소화하고 경제적 부담을 상쇄할 방법을 모색해야 하는데, 그것은 보험으로 해결하는 길밖에 없습니다.

가정경제 연착륙 화법

우리 삶에서 최고의 복된 방점인 '행복'을 진정으로 누리려면 경제적 안정이 밑바탕에 안착되어야만 가능합니다. 보험은 가정경제의 연착륙을 가장 효율적으로 이끌어주는 금융상품입니다.

가정의 안전벨트 화법

고속도로 주행 중 안전벨트를 착용하지 않는다는 것은 불행을 자초하는 것과 마찬가지라고 할 수 있습니다. 그렇게 되면 남은 가족은 더욱 불행해지지요. 보험은 바로 가정의 생활안정을 지켜주는 안전벨트와 같습니다.

인감도장 화법

인감도장은 의사결정의 중요한 표식입니다. 이 때문에 인감도장은 어른들이 늘 소중하게 보관하며 집안의 중요한 결정에 사용합니다. 일상적인 일에는 막도장을 사용하지요. 보험은 인감도장과 같은 겁니다. 보험은 막도장이 아닙니다. 평소에는 별 소용을 못 느끼지만 행복한 가정의 파수꾼이 필요할 때 참된 위력을 발휘합니다.

아빠의 약속 화법

보험에 가입하는 이유는 가장인 ○○님에게 불행한 일이 닥쳤을 때 사모님과 사랑하는 자녀가 생활하기 위한 생활자금, 주택자금, 교육·결혼자금이 되기 때문이고, 대다수가 바라는 대로 장수했을 때 노후생활자금과 상속이나 증여를 위한 준비 자금이기 때문입니다. 즉 ○○보험은 아빠의 희망이고 약속입니다.

생명보험의 기능

한 아이가 "생명보험이 뭐예요?"라고 물었습니다. 종이 귀퉁이에 집을 그리고 반대쪽 구석에 '안전한 섬'이라고 쓰인 원을 그렸습니다.

"아이야, 여기는 네가 사는 집이고, 이 원은 '안전한 섬'이란다. 아빠들은 가족의 행복한 미래를 위해 계획을 세우고, 가족을 이 섬까지 데려다 줄 책임이 있지. 하지만 집과 섬 사이에는 '삶'이라는 '바다'가 있고, 바다에는 폭풍과 거센 파도 등 많은 위험이 도사리고 있단다. 가정들은 각기 자신들만의 작은 배로 이 바다를 건너려 하지만, 그 배로는 폭풍을 이겨 낼 수 없어서 결국 영원히 그 섬에 도달할 수 없게 되지. 그러나 많은 가정이 모여 튼튼하고 큰 배를 만들면 삶이라는 바다를 안전하게 건널 수 있지. 엄마, 아빠에게 '생명보험'은 험한 바다를 헤치고 안전한 섬에 가도록 해주는 큰 배와 같단다."

보조탱크 화법

미국의 한 과학자가 개인용 경비행기 추락 원인을 조사한 적이 있습니다. 추락한 다섯 대 가운데 한 대 꼴로 비행 도중 연료가 부족했다는 연구 결과가 나왔습니다. 믿기지 않지요? 그러나 사실입니다. 기름이 떨어져 비행기가 추락하다니 어리석기 짝이 없는 얘깁니다. ○○님도 혹시 연료를 조금만 준비하고 인생이라는 하늘을 날고 있는 건 아닐까요? 지금처럼 경제활동을 하면서 가족을 지키고 편히 살 수 있다면 인생의 목적 달성에 별 문제 없겠지만 질병과 사고를 당해 인생의 역풍을 만나면 사정이 급변할 수 있습니다. 인생을 아름답게 비행할 수 있게 보험으로 기름을 다시 채워야 합니다. 보험은 인생 비행을 안전하게 지켜주는 보조탱크입니다.

이웃사랑실천 화법

자신의 부주의나 과실로 다른 사람을 다치게 하거나 다른 사람이 소유한 물건을 망가뜨리는 등의 이유로 다른 사람이 소송을 제기하여 법률상 손해배상을 해야 할 경우가 있습니다. 배상책임보험은 이럴 때 나와 이웃을 모두 보호하는 보험입니다. 남을 배려하는 마음에 움트는 이웃사랑 보험입니다.

Top 에이전트가 전하는 성공 노하우

고객을 만났을 때 어떤 상황에서도 자신의 영업철학을 자신있게 고수할 정도로 자기 확신과 자신만의 특별한 대화법을 갖고 있어야 한다.

스즈키 야스토모(鈴木康友)

가족행복설계 니즈환기화법
Action Planning

보험영업의 미션은 가족사랑을 통한 고객 삶의 안정화에 있다. 따라서 보험설계의 방점은 고객 개개인과 가정의 행복 설계이다. 사람들이 생애 전 과정에서 가장 중요시하는 가족과 행복에 대하여 고객 피부에 닿게 진솔하게 알려주는 컨셉화법 피력이 중요하다.

재치화법 Action Planning

- 보험에 든다는 것은 가족을 사랑하고 미래를 준비하는 현명한 지혜를 발휘하는 것이라고 볼 수 있습니다.
- 부모로서 자식에게 보험증권을 주는 것보다 더 깊은 사랑을 표현할 방법이 있을까요? 보험은 사랑의 선물입니다.
- 부모가 자식에게 돌려줄 수 있는 가장 가치 있는 재산은 자녀들을 위해 투자한 부모의 시간일 겁니다.

- 결혼은 상대를 끝까지 사랑하고 책임진다는 약속이므로 살아서뿐만 아니라 죽어서도 가장으로서 책임을 다해야 합니다.

- 미망인 기간을 아실 겁니다. 아내들은 보통 8년 넘게 남편보다 오래 산다고 합니다. 보험 가입은 바로 남편보다 더 오래 사는 아내에 대한 사랑의 척도입니다.

- 돈이 나오는 기계를 갖고 계신다면 분명히 그 기계에 보험을 드실 겁니다. 외람되지만 ○○님의 가족에게는 ○○님께서 그런 역할을 하고 계십니다.

- ○○님께서 이 보험에 가입하면서 자신과 가족에게 자랑스러울 겁니다. 그리고 이 보험으로 보험금이 지급되는 그날부터는 가족이 진정 존경할 겁니다.

- 불확실한 미래에 확실한 선택을 할 수 있도록 ○○님 가정의 수호천사가 되어 최선의 보험서비스를 해드리겠습니다.

설득화법 Action Planning

행복도우미 화법

'남을 행복하게 할 수 있는 자만이 행복을 얻게 된다'는 그리스 철학자 플라톤의 말이 생각납니다. 보험은 가족사랑과 가정의 행복 설계를 하자 없이 만들어주는 경제도우미입니다. ○○님과 가족이 모두 행복해져 저도 덩달아 행복해질 수 있도록 제가 행복도우미 역할을 해드리겠습니다.

가장역할 강조 화법

아리스토텔레스가 '행복은 삶의 목적'이라고 했듯이 누구나 행복한 삶을 꿈꾸며 살아가는데 그 중심에는 가족이 자리 잡고 있습니다. 삶의 행복을 움트게 해주는 안식처가 가정이고 행복을 전해주는 대상자가 가족이고 가족을 지켜주는 사람이 바로 가장입니다.

가족사랑 표현수단

보험은 나와 가족을 보호하고 가장으로서 가족에게 위험이 발생할 경우 겪을 경제적 어려움을 해결해줄 삶의 적극적인 실천방법이며 가족사랑의 진솔한 표현수단입니다.

행복한 미래 보장 화법

사랑하는 가족이 있다면 지금 보험을 준비하십시오. 아무도 미래를 확신할 수 없지만, 미래에 대한 준비는 누구나 할 수 있습니다. 가족에게 미래를 준비하는 안전보장수단은 보험입니다. 가족의 행복한 미래는 무엇과도 바꿀 수 없는 소중한 것이니까요.

보험은 사랑

보험은 가족을 사랑하는 마음이 없으면 가입할 수 없습니다. 설령 가입했더라도 언젠가는 해약하는 우를 범할 수도 있으므로, 저는 가족사랑이 없는 사람에게는 보험상품을 권유하지 않습니다. 미래 생활의 안정을 담보로 하는 무형의 신용상품 투자는 가족을 진정으로 사랑하는 마음이 없으면 할 수 없기 때문입니다.

자식사랑 화법

'눈에 넣어도 아프지 않은 자식'이란 말이 있습니다. 자식에 대한 부모의 지극한 사랑을 나타낸 말입니다. 이렇듯 지극한 자식사랑을 ○○님은 어떻게 준비하고 계십니까? 우리 회사는 이러한 부모님들을 위해 '○○보험'을 준비해놓았습니다.

보험은 엄마와 같은 존재입니다

우리는 현실이 힘들다고 소중하고 사랑하는 가족의 안정된 미래까지 포기하거나 망각하곤 합니다. 동서고금을 막론하고 가장 소중한 가치는 가족사랑이며 이의 실천 수단이 바로 보험입니다.

지고지순한 존재 화법

사랑하는 가족을 위해 ○○님께서는 어떤 투자를 하고 계십니까? 사랑하는 가족을 위해 만약의 사고에 대비한 ○○보험 투자는 상식입니다. ○○님에게 가족은 그 무엇과도 바꿀 수 없는 지고지순한 존재이지요?

진정한 친구의 의미

어려울 때 도와주는 친구가 진짜 친구라는 말이 있듯이 어려울 때일수록 가정의 소중함은 더욱 커집니다. 이렇듯 소중한 가정을 ○○님은 어떻게 가꾸어가십니까? 어려울 때일수록 가족사랑이 우선입니다. 어려울 때를 생각하고 미리 준비하는 것이야말로 진정한 가족사랑의 실천입니다.

가장 소중한 내 가족

잊고 있던 가족의 소중함을 일깨우면서 그런 가족을 위해 가장으로서 무엇을 할지를 생각하게 합니다. ○○님께 세상에서 가장 소중한 몇 가지를 말하라고 하면 무엇을 말씀하실까요? 대부분 아니 모든 가장이 자기 가족을 첫 번째로 꼽습니다. 물론 ○○님도 마찬가지고요! 지금 회사를 열심히 다니는 것도 가족을 위해서이고 힘든 것도 참지 않습니까? 그러기에 아까 말씀드린 '만약'의 상황에서 소중한 가족 문제를 이야기하자는 것이지요!

평생 행복보장 화법

가족에게 경제적 보장을 확실하게 해주는 것보다 더 훌륭한 애정 표현 방법이 또 있습니까? 자녀가 부모를 잃는 상황에 놓이면 누가 자녀를 뒷바라지하기 위해 애써주겠습니까? 이 보험에 가입하면 가족이 ○○님을 자랑스럽게 여길 겁니다.

만약의 사태 때 경제적 해결방법 5가지

가장이 사망이나 사고로 경제적 능력을 상실했을 경우 이의 해결방법은 다음과 같은 5가지로 구분할 수 있습니다.

1. 가족의 경제사회 생활로 생계유지(특히 배우자인 부인)
2. 주위로부터 경제적 도움을 계속적으로 받음
3. 그간의 저축과 남편의 유산 등을 상속받아 활용
4. 운명으로 여기면서 그럭저럭 대충 살아감

5. 미리 가입한 보험으로 해결하며 자립의지 모색

❶의 경우 현재 맞벌이 세대가 많아 가정경제 연착륙은 어느 정도 가능합니다. 그러나 배우자가 경제적 능력이 없을 때에는 매우 곤란합니다. 특히 자녀가 너무 어릴 경우에는 맞벌이하더라도 부인이 일정 기간은 사회활동을 할 수 없을 수도 있습니다.

❷의 경우 주위 도움도 일시적이지 평생 받기는 불가능합니다. 동정도 잠깐이지 정도가 지나치면 귀찮아하는 게 세상인심입니다. 더구나 자기 살기도 벅찬 세상에서 아무리 친한 친척이라도 돌보는 데는 한계가 있습니다.

❸의 경우 남편인 가장이 저축한 자금으로 생활하게 됩니다. 그런데 가장이 남긴 유산이 많으면 좋겠지만, 30~40대 가장의 재산은 거의 다 집 한 채와 현금 얼마일 것입니다. 유가족을 먹여 살리는 데 필요한 몇 억 원이라는 큰돈은 없으며 부채도 많을 겁니다. 이게 바로 우리네 가장들의 현주소입니다. 60세가 다 되어 유동성 있는 금융자산을 몇 천만 원밖에 갖고 있지 못하다면 경제적 활동기인 젊은 시절에는 더욱 갈무리해두기 쉽지 않습니다.

❹의 경우에는 어찌 보면 인생을 포기한 듯이 살고, 가족에 대한 책임의식이 결여된 백수 같은 무책임한 사람이므로 논할 가치조차 없다고 할 수 있습니다.

그럼 해답은 자명합니다.

❺처럼 미리 가입한 보험으로 해결하는 것이지요. 즉 누구나 실현 가능한 보험을 들어서 가장의 사망에 따른 경제적 손실분을 일거에 해결하면서 자립 기반을 닦는 겁니다. 보험에 든 뒤 사고가 안 나면 그보다 더 좋은

일이 없겠지만 설령 사고가 난다 해도 보험으로 경제적 안전장치를 마련해놓았으므로 유가족의 행복을 한순간에 송두리째 빼앗기는 불가능합니다.

오히려 남은 가족은 부모님이 사랑으로 남긴 소중한 보험의 가치를 온몸으로 느끼면서 더 꿋꿋이 어려움을 극복하고 이른 시일 안에 경제적으로 자립할 의욕을 불태울 것입니다. 배우자 또한 돈 없는 인생황혼기에 사랑하는 남편이 남긴 소중한 보험금이 유일한 위안이 될 것입니다.

잃어버린 꿈 화법

가족을 위해 목숨도 아까워하지 않는 마음이 바로 ○○님의 가족에 대한 사랑입니다. 이렇게 사랑하는 가족을 위해 ○○님은 가장의 책임을 다하고 계십니다. 그리고 자녀의 교육, 결혼, 풍요로운 미래 등 꿈을 이루기 위해 노력하십니다. 그러나 이러한 꿈 실현에는 한 가지 조건이 있습니다. 즉 ○○님이 건재하면 별 문제 없겠지요. 하지만 불행한 경우가 생긴다면 그 무엇보다 소중한 자녀와 사모님께서는 꿈을 잃고 고통 속에서 살아야 합니다.

물놀이 화법

○○님은 자녀를 데리고 물가에서 놀면서 물속으로 자녀를 안고 들어가 본 적 있으시죠. 그때 자녀의 반응은 어떻던가요? 깊게 들어갈수록 팔로 목을 꼭 감지 않던가요?

저는 사모님과 자녀가 ○○님에게 그렇게 매달려 살아간다고 생각합니다. 어쩔 수 없는 경우에 사랑하는 가족의 손을 놓아야 한다면 어떻게 하시겠습니까? 눈에 넣어도 아프지 않을 가족이 살아가면서 겪을 수많은 고통을 팔자려니 생각하시겠습니까? 가족 중에 누구에게든 생명이 위태로운 위급한 상황이 발생한다면 ○○님께서는 생명을 구하기 위해 모든 방법을 다 쓰겠죠?

사랑체 화법

영어로 가족(Family)이란 단어가 무엇을 의미하는지 아세요? 바로 'Family = Father And Mother I Love You!'랍니다. 가족은 엄마, 아빠와 자녀가 서로 사랑하면서 행복을 가꾸어나가는 사랑으로 똘똘 뭉친 '사랑체'이죠. 그래서 사랑하는 가족을 위해서는 모든 위험도 마다하지 않고 기꺼이 감내하려는 씀씀이가 부모의 마음이지요. 그런데 일상생활에 젖어 바쁘게 살다보면 가족의 소중함을 잊는 경우가 많습니다.

'내가 설마, 우리 가족이야 무슨 일 있겠어? 나는 아직 이렇게 건강한데. 자식들도 자기 밥벌이는 자기가 알아서 하겠지' 하는 안이하고 막연한 생각이 사랑하는 자녀의 꿈과 배우자의 안락한 노후생활, 가정의 미래를 송두리째 앗아갈 개연성이 늘 존재한다는 엄연한 사실을 미처 깨닫지 못하고 일상생활을 하고 있습니다.

가정의 행복은 경제수지가 균형을 이룰 때 또는 라이프스케일이 더 커질 때 가능하므로 이의 안정적인 확보를 위해 보험으로 보장자산을 마련하는 것은 가장의 기본 책무입니다.

재무플랜 니즈환기화법
Action Planning

옷이 그 사람에 잘 맞아야 자연스럽고 기품이 나듯 가정의 재정안정을 위해서는 재무분석과 설계가 가장 기본임을 알려주는 것이 중요하다. 이때에는 고객이 실감하도록 인생 3L에 입각하여 고객의 라이프 맵을 만든 다음 최적의 재정안정플랜을 제시해 전문가의 면모를 심어준다.

재치화법 Action Planning

- 이 재정안정플랜은 앞으로 ○○님 가족이 지금처럼 편안한 삶을 살기 위해서 준비해야 할 필요자금을 분석하는 데 매우 필요한 기초자료입니다.
- ○○님과 함께 ○○님 가정경제의 현재와 미래 문제를 분석 검토하여 ○○님께 알맞은 최적의 재무 설계를 해드리려고 합니다.

- 아무도 실패하려고 계획을 세우지 않지만 많은 사람이 계획을 세우는 데 실패합니다. ○○님 가정의 꿈을 실현할 수 있게 재정안정플랜을 해드리려고 합니다.

- 돈을 버는 것은 쉬운 일입니다. 그러나 그 돈을 성공적으로 관리하는 것은 쉬운 일이 아닙니다. 제가 ○○님 댁의 가계 재정안정을 위한 재무컨설팅을 자세히 해드리겠습니다.

- 보험은 구매가 아닙니다. 보험은 ○○님께서 구상하신 계획을 실현하는 겁니다. 가정의 재무 설계를 올바로 할 수 있게 제가 도와드리겠습니다.

- 현재의 10% 투자는 ○○님이 안 계신 미래에는 90% 이상의 의미와 가치로 유가족에게 다가올 겁니다. 제가 ○○님의 재정안정을 위한 재무컨설팅을 해드리겠습니다.

- 제 일은 ○○님께서 생활비를 못 갖다주는 일이 발생할 경우 가족에게 ○○님을 대신하여 생활비를 전달(보장자산 마련)할 수 있도록 컨설팅하는 겁니다. 제가 ○○님께 생활보장의 안정과 가정의 행복을 느끼게 재무플랜을 해드리겠습니다.

- 보험은 경제적 고통을 덜어주도록 만든 것이고, 보험전문가들에 의해 이 목적은 늘 달성됩니다. 제가 ○○님 댁의 경제적 안전망을 구축해드리겠습니다.

- ○○님은 가장이므로 가족에게는 담보물과 같습니다. 그러므로 보험에 가입해서 좋은 담보물로서 가치를 발휘하여 가족에 대한 책임과 의무를 하셔야 합니다. 그 바른길을 제가 안내하겠습니다.

- 보장자산을 안전하게 마련하는 금융상품은 보험밖에 없습니다. 보

험에 가입하면 목적자금을 미리 마련한 것과 같습니다. 그 방법을 제가 알려드리겠습니다.

- 경제가 어려울수록 알뜰한 소비생활과 저축이 필요하듯 생활이 어려울 때일수록 짜임새 있는 보험설계가 꼭 필요합니다.

- 가계자산의 형성과 효율적 관리를 위한 재무분석을 거쳐 재정적 니즈에 맞는 적합한 보험상품을 갖고 계신 분들은 모두 편안해하고 행복해하십니다.

- 보험이 ○○님을 대신할 수는 없지만 남은 가족의 미래 생활을 보장할 수는 있습니다. ○○님의 재무플랜을 보여드리겠습니다.

- 만족할 만한 보장자산플랜을 갖고 싶으면 재정안정플랜에서 필요로 하는 항목에 희망과 꿈도 숨김없이 반영되게 해야 합니다.

- 아무도 실패하려고 계획을 세우지 않습니다. 그러나 많은 사람이 계획을 세우는 데 실패합니다. 올바른 인생 재테크가 완성될 수 있도록 컨설팅해드리겠습니다.

- 부자의 재테크 철칙은 절세입니다. 지금은 품격에 맞는 자산관리를 해야 합니다. 더 효과적이고 안정적인 자산관리가 절대 필요합니다.

- 투자에도 원칙이 있습니다. 저희 ○○회사에서는 검증된 자산운용기법으로 ○○님 자산의 포트폴리오를 통한 분산투자와 재테크 파이를 더 키워주는 선택의 권리를 안겨드립니다.

- 저금리 시대라고 하지만 좋은 금융상품을 선택하고 전문가의 도움을 받으면 더 높은 수익을 얻을 방법은 분명히 있습니다. 제가 ○○님께 재테크 솔루션을 제시해 도와드리겠습니다.

설득화법 Action Planning

가정경제 고민 해결 화법

현재 사회에서 가정을 가장 괴롭히는 것은 재정에 관련된 고민일 겁니다. 그렇죠? (대답 유도) 그 고민을 보험이 해결해드립니다. 투자한 돈으로 돈을 버는 겁니다. 보험은 무(無)에서 돈을 창조합니다.

가계자산운용 4분법 화법

가계금융자산을 운용할 때 투자(저축)하는 가장 큰 이유는 안정된 자산관리와 효율적인 자산형성, 즉 투자가치 극대화일 겁니다. 안정된 자산관리는 언제든 자금이 필요할 때 내 돈을 찾아 쓸 수 있게 환금성과 유동성 확보가 선행되어야 함을 의미합니다. 이 전제조건이 뒷받침되지 못하면 자산의 효용가치는 저하되죠.

자산의 효용가치를 늘리려면 ① 안정성과 환금성을 중시하는 저축, 예금 등 금융상품, ② 보장성을 중시하는 보험상품, ③ 안정성과 수익성을 중시하는 펀드, 변액보험 등 간접투자상품, ④ 수익성을 중시하는 부동산, 주식 등 직접투자상품 네 가지 방법에 맞게 자산포트폴리오를 해야 합니다. 이렇게 가계자산을 안분 비례하여 적절히 운용하는 것을 가계자산운용의 4분법이라 합니다. 재무 설계를 할 때에는 반드시 가계자산운용의 4분법에 입각해 자산포트폴리오가 이루어져야 합니다.

자산 포트폴리오 리밸런싱

○○님께서 이 기회에 가계자산에 대한 재무분석을 심층적으로 받아보

고 그에 따라 안분비례에 입각해 자산 포트폴리오를 다시 짜라고 조언하고 싶습니다. 제가 취급하는 보험 가입 여부는 저의 재무플랜을 보면서 ○○님께서 선택하시면 됩니다.

재정안정플랜은 인생설계자료

행복은 멀리서 이따금 다가와 스치고 지나가지만 불행은 작은 틈새만 있어도 떼를 지어 몰려와 오래 머무른답니다. 그러므로 가족을 위해 재정안정플랜을 올바로 세워야 합니다. 이 재정안정플랜은 ○○님은 물론 가족 전체가 행복하고 안정된 가정생활을 영위하기 위해 어느 시점에서 얼마만큼의 돈이 필요한지, 현재 준비된 것은 무엇이고 당장 어떤 준비를 해야 하는지를 알아보기 위한 인생설계 자료입니다.

인생설계를 튼튼히 해드립니다

○○님의 향후 재정안정설계를 작성하기 위해서는 ○○님과 가정의 경제규모를 알아야 합니다. 튼튼한 건물을 지으려면 시멘트와 골재 등을 잘 배합해야 하듯이 ○○님의 수입과 지출규모 그리고 저축규모 등을 사전에 알아야 멋진 인생설계를 계획할 수 있습니다.

안전생활보장 화법

행복한 삶의 조건은 무엇이라고 생각하십니까? 인생의 중심에는 항상 만약이라는 불행이 있습니다. 그런데 만약이 언제 일어날지 아무도 모릅니다. 우산은 비 올 때를 대비해 평상시 준비하듯이 미래 안전한 생활을 보장하기 위해서는 반드시 재정안정플랜을 해놓아야 합니다.

인생문제 제기 화법

인생을 사는 데는 피할 수 없는 다섯 가지 상황이 발생합니다. 첫째, 우리가 살아가는 데는 반드시 돈이 필요하고, 둘째 생활을 위해서는 현금이 있어야 하며, 셋째 일반 사람은 대부분 큰 재산을 갖기 어렵고, 넷째 언젠가 우리는 모두 죽고, 다섯째 장래를 대비하는 데는 희생이 반드시 따르고 필요하다는 겁니다. 마지막으로 덧붙이고 싶은 것은 전문FC가 아니면 보험을 올바로 가입하기 힘들다는 겁니다. 제가 ○○님 댁에 알맞은 재무 플랜을 제안하겠습니다.

최적의 재정계획 수립

대부분의 사람들이 보험회사는 단순히 보험상품을 판매하는 회사라고 생각합니다. 그러나 보험회사는 본래 고객의 재무분석을 토대로 인생 3L에 알맞게 생활설계와 재정설계를 전문적으로 제안하는 곳입니다. 재정 안정 설계를 기초로 고객 한 분 한 분의 가정경제에 알맞은 최적의 재정계획을 수립해드립니다.

제가 제안하는 재정안정설계를 받아보시겠습니까?

누구에게나 필연적으로 찾아오는 죽음을 무시하면서 살아갈 수는 없는 것이 우리 현실입니다. 죽음은 부지불식간에 찾아오는 불행의 여신과 같습니다. 인생이라는 연극은 누구에게나 똑같은 시간을 주지는 않습니다. 1막에서 끝날지 5막에서 끝날지 아무도 모릅니다. 따라서 그때가 언제인지는 모르지만 가족과 ○○님 자신을 위해 확실한 안전책을 마련하는 방안을 강구하는 것이 결코 나쁜 것은 아니지 않습니까? 제가 ○○님 가정의 재정 안정설계를 작성해보았는데 한번 살펴봐주십시오.

재무컨설팅 화법

경영하는 사업의 가치를 금액으로 평가할 때 얼마만큼의 가치가 있다고 생각하십니까? 그 금액만큼 보험에 가입하셔야 경제력을 유지할 수 있습니다. 제가 하는 사업은 ○○님 내일의 행복을 설계해 보장받게 하는 재무컨설팅입니다.

인생설계맞춤 화법

제가 제안하는 상품은 고객 한 분 한 분의 인생설계에 맞춘 주문형 보장플랜입니다. 사람마다 경제적 환경과 상황이 모두 다르기 때문에 각 가정에서도 수입, 지출, 저축, 생활비, 자녀교육비 등이 다를 겁니다. 그래서 저는 고객 한 분 한 분과 상담하여 각 가정의 경제 상황과 가장으로서 자녀에 대한 사랑과 꿈을 파악하고 재무분석을 한 뒤 고객의 가정에 알맞은 상품을 제안합니다.

경제도우미 화법

가장으로서 가족사랑을 더 지혜롭게 하려면 미래를 예측하고 변화에 대비해야 합니다. 특히 어떠한 경우에도 소득 변화가 있어서는 안 되겠지요. 소득을 안전하게 유지해야 가족을 안전하게 보호할 수 있습니다. 보험은 ○○님의 소득을 만일의 경우에도 어느 정도 유지될 수 있게 보장하는 경제도우미 구실을 해줍니다. 그 길을 제가 제안하겠습니다.

남편으로서 도리 화법

물론 두 분이 장수하는 것이 가장 이상적입니다. 그러나 ○○님께서 오래 살더라도 남자가 먼저 사망하는 것이 일반적인데, 그 후 인생의 황혼기를 길게 보내야 하는 배우자를 위해 재정계획을 미리 세워주는 것이 남편의 도리 아니겠습니까? 재무플랜을 받아보시겠습니까?

3대 관리 화법

미국인의 3대 가정관리를 들어본 적이 있습니까? 건강관리는 주치의에게 맡기고, 법률상담은 변호사에게 맡기며, 재산관리는 보험회사의 보험컨설턴트에게 맡긴다는 얘기 말이에요. ○○님의 자산 형성과 관리를 제게 맡겨보십시오. 최적의 재무포트폴리오에 입각해 설계해드리겠습니다.

안전망 화법

미국의 금문교 아시죠? 공사 중 추락사고가 빈번해서 다리 아래에 안전그물을 쳤더니 사고가 확연하게 줄었다고 하더군요. 그만큼 인부가 안심하고 일할 수 있다는 심리적 요인이 크다는 것이겠지요. ○○님도 이런 안전그물을 치고 계십니까? 혹시 위험의 조건에 따라 막을 수 없는 구멍이 난 그물을 치고 계신 건 아닌지 제가 정확하게 분석해드리겠습니다.

만족한 미래 화법

○○님께서는 지금 모습에 만족하십니까? 제가 고객들께 이런 질문을 하면 대부분 만족하지 않는다고 대답하십니다. 지금 그의 모습은 과거에 그가 미래를 위해 준비한 결과가 나타난 것이라고 합니다. 과거에 준비했

던 결과로 지금의 내가 되었고 과거에 준비가 부족했기 때문에 지금의 모습에 대부분 만족하지 못하는 겁니다. ○○님께서 지금 모습에 만족하지 못하시는 것도 아마 같은 이유일 겁니다. 만족한 미래가 다가오도록 재무설계를 해드리겠습니다.

리스크 헤지 설계 화법

보험은 자신을 둘러싼 위험 관리방법입니다. 따라서 어느 보험에 가입하느냐를 결정하기 전에 자신에게 어떠한 위험이 있는지 생각해야 합니다. 자신을 둘러싼 위험은 각자의 인생 3L을 체크한 다음 라이프 맵을 만들어 라이프사이클에 따라 헤지하는 것이 가장 효율적입니다. ○○님 삶의 리스크 헤지 방안을 제가 하자 없게 제안하겠습니다.

보험증권 분석에 바탕을 둔 재무플랜제안 화법

■ ○○님이 가입하신 보험상품을 종합적으로 분석하니 몇 가지 문제점이 발견되었습니다. ○○님이 가입한 보험상품 중 보장성 상품 대부분은 보험 사고 발생 때 중점보장 부분이 재해보장에만 편중되어 있습니다. 재해사망보험금이 ○억 원이고, 정말 중요한 보장자산인 일반사망보험금은 ○천만 원에 불과합니다(자료를 제시하며 이해되도록 하나하나 일목요연하게 설명한다). 이 자료를 보면 대부분 35세가 지났을 때 일반질병사망률이 현저하게 증가함을 알 수 있습니다.

■ 특히 남자는 약 88%가 일반질병으로 사망합니다. 이 기준으로 본다면 ○○님은 현재 발생확률 12% 정도인 재해보장에 소중한 보험료를 투자하고 계신 셈입니다. 또 각종 질병에 대한 보장부분을 보면

거의 전무한 상태입니다. 질병치료비에 대비가 안 된 상태에서 장기 입원해야 할 상황이 발생하면 커다란 손실을 볼 수도 있습니다. 어쩌면 집을 옮겨야 할지도 모릅니다. 그러므로 이미 가입한 보험의 내용으로는 ○○님이 원하는, 또 가족에게 책임을 다하겠다는 희망사항에 전혀 부합하지 않는다고 분석되었습니다.

- ○○님, 그렇게 생각되지 않겠지만 ○○님이 이 보험에 가입할 때와 지금의 보험 환경은 매우 다릅니다. 당시에는 저와 같은 전문FC가 종합적으로 컨설팅을 하지 못했고 고객들이 소유한 재정상태를 종합적으로 분석하는 기본 인프라도 구비되지 않았지요. 또 지금같이 업그레이드된 상품도 나오지 않았습니다.

- ○○님, 어느 누구도 보장계획을 세울 때는 실패하려고 세우지는 않습니다. 그러나 많은 사람이 보장계획을 세우는 데 실패합니다. 전문가로서 어떻게 시의 적절하게 재무분석을 받고 이를 받아들여 보장계획을 세우느냐에 따라 그 결과가 다르게 나타난다고 말씀드릴 수 있습니다. 그래서 오늘 저는 ○○님 가정의 미래를 위한 현명한 계획을 세울 수 있게 정성껏 도와드리겠습니다. 재정안정플랜 시트를 보면서 설명하겠습니다.

보장성보험 니즈환기화법
Action Planning

Selling Point   보험의 인프라는 생활보장자산의 안전한 확보에 있으며 이에 가장 적합한 보험상품은 보장성보험이므로 고객 가정의 안전망을 반드시 보장성보험으로 구축한 다음 그 위에 다른 상품과 재테크 플랜이 지속적으로 이루어지게 컨설팅한다.

재치화법 Action Planning

- 보장성보험의 니즈를 아직 잘 모르십니까? 운전할 때 ○○님께서 스페어타이어를 갖고 다니는 것과 같은 이치로 이해하시면 됩니다.

- 보험에 대한 책임은 누군가가 집니다. 문제는 그 책임을 지는 분이 현재 ○○님이든지 아니면 남은 가족이 되든지 둘 중 하나일 뿐입니다. 그 책임은 당연히 ○○님이 짊어져야 하지 않겠습니까?

- 현재 두 분은 보험의 필요성을 느끼지 않을지도 모릅니다. 그러나 혼

자된 분들은 보험이 무엇보다 필요함을 잘 아십니다. 만약의 사태에 대비하는 경제준비 수단이 바로 보험이니까요.

■ 보험은 추가 의무사항이 아닌 필수품목입니다. 현재 갖고 계시는 것을 계속 지켜주는, 즉 경제력을 유지하는 최선의 재정안정 방법입니다.

■ 내일은 아무도 보장할 수 없는 불확실성의 시대입니다. 죽음은 매일 누군가에게 옵니다. 그리고 언젠가는 모든 사람에게 그날은 반드시 옵니다.

■ 가장이 사망했을 때 상속세가 의외로 많습니다. 그 때문에도 보험에 가입하십시오. 보험은 보험금을 상속자금으로 활용할 수 있게 실질적으로 도와주는 세테크 상품입니다.

■ 보험에 가입함으로써 ○○님께서는 일생 동안 이루고자 신경 쓰고 일해야 하는 목표자금을 일시에 이룰 수 있습니다.

■ 아무런 준비 없이 가장이 사망하면 가정은 대부분 엄청난 슬픔과 경제적 고통으로 어려움을 겪을 겁니다.

■ 사람에게 죽음은 언제든지 올 불확실한 사건인데도 이에 대비하려는 노력은 등한히 하는 분이 아직도 있어 매우 안타깝습니다. 보험은 불가항력적인 신의 영역에서 생긴 사고라는 무서운 삶의 리스크에서 야기되는 재정적 고통을 털어내게 하는 유일한 상품입니다. 보험은 가장의 빈자리는 있을지언정 가정이 불행해지지 않게 가정경제를 온전히 유지하게 해주는 가정경제 지킴이입니다.

설득화법 Action Planning

경제적 자립기반 마련 화법

가족을 두고 떠난 부모가 있다면 참 나쁜 사람이라고 말씀하실 겁니다. 가족을 떠난 아빠를 두고 잘못이라고 말할 수 없습니다. 그러나 남은 가족에 대한 아무런 준비 없이 떠난 아빠라면 분명히 원망할 겁니다. 유가족의 경제적 자립기반 마련은 가장의 필수사항입니다.

평생 고통전가 화법

사고로 가장을 잃은 가족의 60% 이상이 1년 이내에 심각한 생활고를 겪는다고 합니다. 한 사람의 빈자리는 남은 가족에게 너무나 큰 그림자를 평생 드리우며 경제적 고통을 안겨줍니다.

Egg Model 화법

가정경제모델 가운데 Egg Model이 있습니다. 자기 수입의 76%는 생활비로 사용하고 나머지 24% 가운데 8%는 저축, 8%는 주식과 펀드, 채권에 사용한다는 것이죠. 나머지 8%는 부모가 없더라도 현재 생활이 유지되도록 보장성 보험에 투자한다는 겁니다.

직무유기 화법

자기 가족은 그 어느 누구보다 오래 살 것이라고 생각하여 보험에 들지 않는 사람이 있는데 그런 생각은 매우 위험합니다. 가족을 위험한 상태에 그냥 방치하는 것과 진배없습니다. 가장으로서 가족에 대한 직무유

기나 마찬가지인 셈입니다.

미래의 불확실 대비 화법

사람들은 가능성에는 준비하고 확실성에는 무관심합니다. 보험은 계약 건마다 보험금이 지급됩니다. 저축한 돈을 쓰는 것과 보험금을 받아쓰는 때는 그 필요한 정도를 비교할 수 없습니다.

불안감 상쇄 화법

보험에 가입하면 ○○님에게 어떤 위험이 발생한다 하더라도 가족은 경제적으로 곤란을 겪는 일은 절대로 없을 겁니다. 보험에 가입하면 가족의 미래에 불안감이 상쇄되므로 일상생활이 더 편안해질 수 있습니다.

아빠의 얼굴 화법

만일의 경우 ○○님이 불의의 사고로 사망하면 남은 가족의 생계를 위해 사모님께서 직장에 나가게 됩니다. 하지만 이 경우 전문 기술이 있어야 하고 건강해야 합니다. 가장 중요한 것은 ○살 된 자녀가 클 때까지 엄마의 보살핌이 필요합니다. 부인이 직장에서 일하는 동안 자녀는 집에서 혼자 있거나 놀이터나 집 앞에서 친구하고만 놀아야 합니다. 해질 무렵이면 친구들은 엄마가 데려가고 자녀는 아빠, 엄마 없는 집에 들어가기 싫어 놀이터에서 혼자 모래밭에 아빠 얼굴을 그리면서 처량하게 놀지도 모릅니다.

사후정리자금 화법

가장이 사망한 뒤에 유족은 무엇을 불안하게 생각할까요? 그것은 생활비를 어떻게 마련할까 하는 고민일 겁니다. 그러나 생활비 걱정 이전에 가장 사망 직후에 지불해야 할 비용은 어떻게 해야 할까요? 병으로 사망한 경우 치료비, 장례비, 그 밖의 미지불 청구서에 대한 지불비용(주택자금 대출, 사채, 신용카드 대출, 자동차 할부금 등)은 어떻게 해야 하나요? 이러한 사후정리비용을 ○○님께서는 어떤 방법으로 준비하고 계십니까?

주택자금 화법

저도 그렇지만 모든 사람에게 집은 안정과 행복의 상징입니다. ○○님도 그렇게 생각하죠? 집은 가족이 쾌적하게 쉬고 자녀가 안심하고 건강하게 성장하는 장소입니다. 그런데 아시다시피 집을 짓거나 구입할 때에는 자금이 많이 필요합니다. 그것을 한꺼번에 지불할 수 있는 사람은 많지 않고 대부분 대출을 이용합니다. 그러나 수십 년에 걸쳐 대출을 상환해야 할 주 소득원인 가장이 불행을 당한다면 남은 가족은 어떻게 되겠습니까? 미리 준비하면 집을 팔아야 하는 일은 없을 겁니다.

보금자리 지킴 화법

요즈음 자기 돈으로 집을 사는 사람은 거의 없을 겁니다. ○○님께서도 융자를 받으셨을 것이고, 그 원금과 이자는 ○○님의 수입에서 지출될 겁니다. 만약 ○○님이 안 계시다면 대출금은 빚이 되고 마는 겁니다. 결국 집을 줄여서 이사해야겠지요. 큰 집에서 살다가 작은 집으로 이사하면 상실감이 커지고, 더군다나 자녀는 아빠와 살던 정든 집을 떠난다는 것에 마음에 심한 상처를 받을 겁니다. 사랑하는 자녀가 성장할 때까지 아빠가 만든 보금자리에서 올바르게 성장해야 하지 않겠습니까? ○○님이 준비를 하시면 당장은 표시가 안 나겠지만 그것이야말로 가장으로서 진정한 역할을 다하게 되는 겁니다.

미래 준비 화법

'있다고 생각마라! 부모와 재산! 없다고 생각마라! 죽음과 불행!' 이런 말 들어본 적이 있을 겁니다. 자신의 미래를 준비하는 사람은 뚜렷한 목적이 있습니다. 보험 가입은 자신의 미래를 준비하는 것과 같습니다. 가족의 미래도 준비하는 것이고요. 단 한 번의 보험료 납입으로도 수백 배의 자산가치를 되돌려받는 것이 보험입니다. 아무 일 없으면 이자만으로 그 기간을 보장받는 것과 진배없습니다.

설마가 아닌 혹시 화법

삼풍백화점이 붕괴되었을 때 경찰은 백화점 관계자를 불러 심문했습니다. "백화점이 무너질지 모르는데 왜 사람들을 대피시키지 않았습니까?" 그러자 "설마 무너지기야 할까 생각했지요"라고 대답했습니다. 경찰이 또 물었습니다. "그러면 중역들은 왜 대피시켰습니까?" 그러자 "혹시 무너질지도 모르기 때문이죠"라고 했답니다. 사람은 누구나 남에게는 '설마' 하는 문제도 나에게는 '혹시'라고 생각하게 됩니다. 앞으로 나에게 '혹시' 일어날지 모르는 위험을 보고도 보험에 가입하지 않는 것은 현명한 일이 아닙니다.

외줄자전거 화법

서커스 구경을 가서 공중에 매달린 외줄을 타는 자전거를 본 적 있습니까? 보는 사람조차 가슴 졸이게 하는 짜릿함도 있지만 정말 위험천만이지요. 인생살이도 마찬가지입니다. 항상 각종 위험들로 둘러싸여 있죠. 이러한 위험에서 벗어날 방법은 보험을 드는 겁니다.

서명유도 화법

○○님은 가장으로서 가족의 일상생활에 매우 중요한 역할을 하십니다. 이 보험은 그러한 ○○님에게 만일의 일이 발생하더라도 자녀가 경제적으로 아무런 불편 없이 생활할 수 있음을 보증합니다. 청약서에 서명하는 것만으로 다른 방법으로는 평생 걸릴지 모를 재산을 단번에 만들 수 있게 되는 겁니다.

보장자산 마련 화법

가정경제는 부모, 특히 가장이 건강하게 살면서 자산을 꾸준히 늘려 가는 행복설계 과정입니다. 우리는 해결할 수 없는 각종 위험에 직면하게 됩니다. 그 위험이 닥쳤을 때 필요자산과 준비자산의 차이가 클수록 가정경제는 심각한 곤란을 겪는 겁니다. 따라서 어떠한 상황에서도 완전한 가정경제를 이루려면 자본과 부채 외에 필요자산과 준비자산의 차이를 해소할 보장자산이 반드시 필요합니다. 이 보장자산은 모든 가정에서 가장 기본적인 재무플랜 요소라고 할 수 있습니다.

30% 화법

일기예보에서 비가 올 확률이 30%라면 어떻게 하겠습니까? 물론 ○○ 님은 그냥 나오실 겁니다. 그렇다면 아이들은 어떻게 하시겠습니까? 우산을 들려 보내시나요? 아니면 그냥 보내시나요? 비가 오면 어떻게 하죠? 그냥 보낸다면 물론 우산을 가지고 마중을 가겠죠. 그런데 ○○님 연령대에서 자녀의 결혼을 못 볼 확률이 30%나 된답니다. 즉 ○○님이 자녀를 마중 나가지 못할 확률이 30%가 된다는 얘기입니다. 그땐 어떻게 될까요? 그렇다면 미리 우산을 준비하셔야죠. 자녀에게 우산을 가지고 가라고 해야 합니다. 보험은 삶에서 바로 우산과 같은 존재입니다.

생로병사 화법

생로병사는 우리 인생에서 누구나 반드시 겪어야 할 길입니다. 죽음과 노후는 누구에게나 오는 필연적인 사실인데, 그것이 언제 닥칠지 아무도 모르는 불확실성의 시대를 살아가고 있습니다. 그러나 행복한 가정에 불확실성이 오게 해서는 안 됩니다.

자영업자 집단 화법

내가 사장이니 이래라저래라하는 사람 없어서 뱃속도 편하고, 내 손으로 사업을 일군다는 보람도 있으니 얼마나 좋습니까? 그런데 무슨 일이라도 생기면 하루아침에 공든 탑이 무너질 수 있습니다. 그동안 얼마나 공들여 이룩한 사업인데 이렇게 돼서는 안 되겠지요? 게다가 경기에 따라 소득이 들쭉날쭉하기 때문에 불안하기도 합니다. 이런 특성 때문에 자기 사업을 하는 분일수록 만약의 경우에 대비하는 지혜가 더욱 필요합니다.

전문자격증 소유 집단 화법

슈퍼마켓 주인이라면 갑작스러운 사고를 당해도 일이 간단하고 특별한 자격증이 없어도 되니까 아내와 자식이 힘겹겠지만 대신 경영할 수 있습니다. 그러나 의사, 변호사, 회계사처럼 자격증이 있어야 하는 비즈니스는 다릅니다. 전문 자격증이 필요한 직업은 갑작스러운 사고가 발생했을 때 가족이 대신할 일은 슬퍼하는 일 말고는 별로 없습니다. 그렇다면 이에 대한 준비가 필요하지 않겠습니까?

독신자 집단 화법

요즘 꼭 결혼해야 한다고 생각하는 사람은 많지 않습니다. 그러나 가족이 없으면 나이 들어서 아프거나 무슨 일이라도 생기면 외롭기 짝이 없습니다. 이럴 때 보험이 큰 도움이 됩니다. 특히 암보험이나 건강보험, CI 보험은 치료비를 보험 처리할 수 있게 혜택을 제공합니다. 그래서 보험은 가족입니다.

상령월 화법

제가 보험 상식 하나 알려드리겠습니다. 바로 '상령월'입니다. 보험은 가입 당시 보험료를 나이가 들어도 똑같이 납입합니다. 똑같은 물건을 그것도 내가 아닌 내 가족이 유용하게 사용할 물건을 늦게 산 것도 억울한데 돈까지 더 내서야 되겠습니까? 바로 ○월 ○일이면 보험료가 오릅니다. 한 달에 ○원씩 총 ○만 원을 더 내서야 합니다.

(미국의 한 조사에 따르면 신계약의 약 30%는 보험연령이 변하기 직전의 30일 이내에 체결된다고 한다. 따라서 상령월을 반드시 기억했다가 전화한 목적이 고객에게 도움을 주기 위함임을 알린다. 새로운 상품 가입뿐만 아니라 보험 리모델링할 때도 상령월 화법은 꼭 필요하다.)

황금거위 화법

보험은 황금알을 낳는 거위 같은 존재입니다. 가정에서 필요한 모든 자금은 ○○님의 수입으로 마련되기 때문에 황금알을 낳는 거위와 같다고 할 수 있습니다. 따라서 황금거위가 황금알을 낳지 못하면 그 거위의 가정은 경제적으로 힘들 듯이 ○○님에게 무슨 일이 생긴다면 ○○님의 가정은 경제적으로 매우 궁핍해져 가정이 무너질지도 모릅니다. 그만큼 ○○님은 ○○님 가정에 소중한 존재입니다. 따라서 위험 발생에 대비해서 보험 가입은 선택이 아닌 필수라고 할 수 있습니다.

보험 가입은 가장의 의무이자 책임

한 가정의 수입원인 가장이 불행을 당한다면 어떻게 될까요? 남은 가족이 안심하고 생활할 자금이 필요하지 않을까요? 특히 자녀들이 독립하지 않은 경우에는 더욱 필요할 겁니다. 불확실한 위험에 대비하면서 가족의 미래생활 안정을 지켜주려면 유일한 위험관리 수단인 보험에 들어 해결해야 합니다. 경제적 활동기에 가족의 필요자금과 정년퇴직 이후 노후생활에 필요한 자금을 마련하기 위해서 보험에 가입해야 하는 것은 가장의 의무이자 책임입니다.

불확실성의 시대

저의 계약자 가운데 한 분은, 요새 사고가 하도 많아 만일의 경우 가족의 경제생활을 생각하여 불안한 마음에 보험가입을 결심하셨답니다. 재해는 결코 남의 일만은 아니기 때문에 이에 대해 준비하고 대책을 마련해야 합니다. 이것이 불확실성의 시대를 현명하게 살아가는 최선의 방법이랍니다(사례 제시).

교통사고 천국

우리나라는 교통사고 사망자 수가 세계 1위입니다. 1년에 40여만 명이나 교통사고로 죽거나 다친다고 합니다. 우리는 이런 위험 속에 살면서도 '설마 나는 아니겠지'라고 생각하는 경향이 있습니다. ○○님도 운전해서 아시겠지만 운전하는 짧은 동안에도 '아차' 하는 순간이 얼마나 많으세요? 만일 위험이 닥쳐 가장이 안 계시면 가족은 누가 돌봐줍니까? 만일의 경우 위험에 대비하고 사랑하는 가족의 미래를 지키기 위한 유일한 수단이 바로 보험입니다.

안전장치 화법

생때같은 사람이라도 부지불식간에 찾아오는 불의의 사고를 헤쳐 나가지는 못합니다. 불행의 여신은 유비무환 정신으로 임하지 않는 사람에게 더 많이 찾아온다고 합니다. 허술하고 훔치기 좋은 집을 골라 도둑질하듯 불행의 여신도 위험에 대비한 안전장치를 게을리한 사람에게 다가가는 것은 빤한 이치이기 때문이죠.

부족자금 마련 화법

사람은 누구나 현재 시점에서 필요한 자금이 지금까지 준비한 자금보다 훨씬 작습니다. 그래서 부족자금을 마련하려고 열심히 생활하지요. 이 보험은 부족한 자금을 언제든 마련할 길을 열어줍니다.

가족안전책임 화법

가장으로서 맹목적인 가족사랑보다 경제적으로 사랑하는 것이 좋습니다. 미래를 예측하고 변화에 준비를 해야 합니다. 어떠한 경우에도 가계소득에 변화를 가져오게 해서는 안 됩니다. 이는 가정의 궁핍과 생활의 고통을 가져오기 때문입니다. 보험은 어떠한 경우에도 가족을 안전하게 보호하는 일을 합니다.

발생확실성 화법

사람들은 가능성에는 준비하지만 확실성에는 무관심합니다. 많은 사람이 화재보험이나 자동차보험을 들지만 자동차사고나 화재사고가 나서 보험금을 탔다는 말은 듣기 어렵습니다. 가능성은 있는데 확실한 사건은 아니기 때문이지요. 그러나 종신보험은 계약마다 언젠가는 반드시 보험금이 지급됩니다.

Die too soon, Live too long!

사람은 사망선고를 받고 태어납니다. 우리 인생의 중심에는 항상 만약이라는 불확실성 변수가 존재합니다. LIFE = LIve iF End. 만약은 행복과 불행 사이에 있는 경계선 같은 존재입니다. 그런데 그 불확실한 만약의 사태가 언제 올지 아무도 모릅니다. Die too soon, Live too long! 이 명제를 해결하는 길은 위험관리 기능을 수행하는 보험뿐입니다.

자존심과 유가족을 지킨다

인생에는 생명위험과 재정위험이라는 두 가지 위험이 있습니다. 질병, 교통사고 등의 불의의 사고에서 오는 생명위험은 누구에게나 갑자기 찾아오는 확률위험으로서 누구도 생명위험으로부터 안전하지 못합니다. 생명위험에서 일어난 병원비, 부채, 생활비 등의 재정위험은 인간의 노력으로 해결할 수 있습니다. 그러므로 생명위험에서 자신의 자존심과 유가족을 지켜주는 것이 종신보험입니다. 이는 인생에서 '있어도 좋고 없어도 괜찮은'이 아니라 반드시 준비해야 하는 필수품입니다.

가장의 경제적 능력은 항상 보호되어야

모든 사람은 저마다 행복을 추구하며 살아갑니다. 행복하기 위해서 갖추어야 할 조건은 서로 다를 수 있지만, 누구나 공통적으로 바라는 두 가지는 가족의 건강과 경제적 안정이라고 합니다. 이 두 가지를 가능하게 하는 것이 바로 가장의 경제적 능력입니다. 그러므로 가장의 경제적 능력은 가족의 가장 중요한 자산이라고 할 수 있습니다. 그런데 가장이 경제활동으로 벌어들이는 현재 수입으로 가정생활을 영위하기 위한 필요성은 지속적으로 요구되지만 가장의 경제적 능력은 무한정 보장되지 않는 것이 현실입니다. 가장의 경제적 능력은 규모도 크고 의미도 가족에게는 가장 소중하므로 어떠한 일이 있더라도 안전하게 보호되어야 합니다.

로프 화법

○○님, 인생을 등산에 비유할 수 있다면 보험은 만일의 경우에 위험에서 몸을 보호하는 구명로프 같은 겁니다. 그런데 구명로프는 너무 가늘면 끊어져서 도움이 되지 않고, 너무 굵으면 무거워서 등산하는 데 부담이 되겠지요? 보험도 마찬가지입니다. 오늘 제가 마련해온 보장설계는 ○○님과 가족이 오르는 인생이라는 등산에 가장 알맞은 구명로프가 될 겁니다. 제가 ○○님을 위하여 자신있게 정성껏 설계한 겁니다.

Top 에이전트가 전하는 성공 노하우

세일즈맨으로서 중요한 임무는 고객이 안고 있는 현안문제를 해결할 수 있도록 도와주는 일이며, 임무수행에 절대적으로 중요한 요소는 고객의 문제를 해결할 수 있도록 도와주는 능력이다.

노먼 러빈(Norman Levine)

개인연금보험 니즈환기화법
Action Planning

노후는 자식책임이 아니라 완전히 자기책임으로 바뀌므로 노후준비를 하지 않으면 스크랩인생을 보내게 된다는 문제인식을 갖고 연금보험으로 연금자산을 확보하도록 컨설팅한다. 연금보험은 노후의 행복보장을 위한 필수 품목임을 입증한다.

재치화법 Action Planning

- 돈 없는 노인이 아닌 경제력 있는 노신사로 노후를 맞이하세요. 노인의 품격은 바로 경제력입니다.
- 청춘은 짧고 노후는 매우 깁니다. 개인연금은 노후의 든든한 안전판입니다. 장수시대 연금보험은 필수적 노테크 품목입니다.
- 늙거나 가난한 것은 슬픈 일입니다. 하물며 그 두 가지에 모두 해당하면 더 비참한 일은 없을 겁니다.

- 경제적으로 준비가 안 된 노후는 장수시대에는 오히려 고통으로 다가옵니다.
- 연금보험은 절약된 세금만큼의 이자수익을 제한 없이 누릴 전천후 노테크 상품입니다.
- 부모를 마지막으로 봉양하고 자식에게 제일 처음으로 버림받는 샌드위치세대는 노후생활자금을 반드시 준비해야 합니다.
- 평생 동안 연금을 지급하고 가입자 선택의 폭이 다양한 연금상품은 보험사에서 취급하는 연금보험밖에 없습니다.
- 저는 개인연금을 팔지 않습니다. 그 대신 돈 걱정 없는 풍요로운 노후생활을 알뜰하게 설계해드립니다.
- 장수시대 평생 연금을 수령할 수 있도록 하는 연금상품은 국민연금 말고는 연금보험상품밖에 없습니다.

＊

- 노후가 든든해야 아들도 효자가 됩니다. ○○님의 미래를 제가 설계해드리겠습니다.
- 자신의 인생을 계획해보십시오. 그래야 노후에 일을 해야 할지 아니면 편히 즐기면서 지낼지를 가늠할 수 있습니다.
- 준비된 노년은 행복한 시간이 될 겁니다. 그러나 아무것도 가진 게 없다면 늙는 것은 가난만큼이나 비참할 겁니다.
- 연금보험의 효과는 ○○님께서 은퇴했을 때부터 나타납니다. 연금보험이야말로 긴 인생의 든든한 동반자입니다.
- 다가올 기나긴 노후를 고통과 재앙인 스크랩인생이 아니라 골드인생으로 가꾸어 서드에이지가 골드에이지로 물들게 하루빨리 연금보

험으로 시작해야 합니다.

■ 부족함 없는 생활, 원하는 시기에 어디든 떠날 자유, 자식에게 당당할 노후는 결코 준비 없이 기대할 수 없습니다.

■ 정년 이후에 수십 년간 별다른 소득 없이 노후생활을 보내야 하므로 젊은 시절부터 장기간에 걸쳐 준비해야 합니다.

■ 우리나라 60세 이상의 남자노인 5명 중 4명이 먹고살기 힘들 정도의 소득을 올리거나 아니면 무위도식한다고 합니다.

■ 우리나라의 가구 중 한 부모만 있는 가정이 전체 가구의 10% 정도라고 합니다. 마냥 남의 일로만 돌릴 수 없는 상황입니다.

■ 연금보험은 활동기에는 위험으로부터 가족을 보호하고, 또 ○○님이 노후가 되셨을 때는 연금을 평생 동안 지급하기 때문에 일석이조의 상품입니다.

*

■ 연금은 앞으로 몇십 년 후의 노후생활을 대비하는 것이므로 화폐가치 상승률을 감안하여 준비하는 것이 바람직합니다.

■ 우리나라의 낮은 노후복지 수준을 고려할 때 은퇴 이후에 별다른 직업 없이도 살 만큼의 적정한 연금액을 받을 수 있게 사전에 준비해야 합니다.

■ 요즘 실버타운에 가려면 최소 보증금 ○억 원에 매월 ○○만 원 이상 필요합니다.

■ 경제력 없는 노후에 안정적인 생활을 영위하기 위해서 가정경제의 주체인 가장은 노후준비를 필수적으로 해야 합니다.

■ 평균여명이 긴 여성은 당당하게 살기 위해 평생 연금이 나오는 연금

보험에 반드시 가입해야 합니다.

■ 연금보험은 퇴직금 없는 자영업자에게 노후를 보장할 최대의 보루와 같습니다.

■ 프리랜서에게는 퇴직금이 없습니다. 국민연금을 제대로 신고하는 사람이 거의 없습니다. 그래서 프리랜서는 스스로 노후대책을 세우는 것이 반드시 필요합니다.

■ '청춘은 산물이요 아름다운 노년은 예술작품'이라고 루스벨트 대통령이 말했듯이 우리 인생살이에서 노후는 그 무엇보다 아름답게 다가와야 할 절대명제입니다.

설득화법 Action Planning

노후에 반드시 있어야 할 세 친구

미국의 벤저민 프랭클린이 한 말이 생각납니다. 그분은 "사람이 늙으면 믿을 수 있는 친구가 셋 있는데 무언지 아세요? 하나는 늙은 아내이고, 다른 하나는 늙은 개랍니다. 아내는 그 무엇보다 소중한 인생, 특히 노후 반려자이고, 개는 충직한 신하 노릇을 변함없이 해주니까요. 마지막 하나는 바로 연금입니다"라고 말했습니다. 200년 전에도 노후연금이 필요하다고 생각했는데 노후가 자기책임인 시대에 기나긴 노후를 위한 은퇴자산을 미리 준비하지 않는다면 말이 안 되죠.

경제적 효자 화법

노후가 자기책임 위주로 바뀌는 현실에서는 두 아들을 키워야 합니다. 사랑으로 무조건 주어야 하는 아들과 키워서 노후를 돌봐줄 경제적 아들 말입니다. 안 그렇습니까? 경제적 아들이 바로 보험입니다. 앞으로 노후에는 보험만이 효자 노릇을 합니다. 하루라도 빨리 보험에 가입하는 것이 노후를 대비하여 충실한 경제적 효자를 키우는 가장 현명한 길입니다.

진정한 자식사랑 방법

자녀의 미래를 위해서라면 어떠한 희생도 마다하지 않는 것이 부모의 마음일 겁니다. 그렇지만 정성을 다하는 자식사랑이 부모의 노후를 대신하지는 않습니다. 노후에 경제력이 없으면 자식에게도 환영받지 못합니다. 자녀에게 의존하려는 부모보다 유산을 많이 남기려고 노력하는 부모가 진정으로 자녀를 사랑할 줄 아는 부모일 겁니다.

경제적 사망

인간은 두 번 죽는다고 합니다. 한 번은 눈을 감는 때이고요, 두 번째는 아직 건강한데 일할 곳이 없고 수입이 완전히 끊기는 때입니다. 즉 경제적 사망을 말합니다. 젊을 때 고생은 사서도 한다고 하지만 노후의 가난과 고생은 비극입니다.

연금보험만의 장점피력 화법

○○님, 연금보험만이 지닌 장점 10가지를 아세요? 첫째, 장수시대, 사망할 때까지 평생 동안 연금을 지급합니다. 둘째, 보험료 세액공제 혜택

이 없는 대신 중도해약 때 가산세 추징 등 불이익이 없습니다. 셋째, 보험료 납입한도가 거의 없어 불입금을 자유롭게 설정할 수 있습니다. 넷째, 일정 기간이 지나면 언제든 찾아서 쓸 수 있습니다. 다섯째, 10년 이상 유지할 경우 이자소득세가 면제됩니다. 여섯째, 연금을 수령할 때 연금소득세가 한 푼도 없습니다. 일곱째, 누구나 가입할 수 있어 가입조건이 까다롭지 않습니다. 여덟째, 연금수령이 45세부터 가능하여 인생의 5대 자금(가족생활자금, 자녀의 교육과 결혼자금, 노후생활자금, 주택마련자금, 긴급예비자금) 설계가 가능합니다. 아홉째, 연금수령 시기 조절이 가능합니다. 열째, 최저보증 이율이 있어서 안정성 있는 상품입니다. 이렇게 이점이 다양한 좋은 연금상품은 다른 금융기관에는 없습니다.

내 인생은 나의 것

아직도 노후를 자식에게 맡기려고 생각하십니까? '내 인생은 나의 것'이라는 말이 있듯이 노후는 어디까지나 ○○님의 노후입니다. 자식이 대신할 시대는 이미 지났습니다. 경제력 없는 부모는 자식에게 대접받지 못한답니다. 손자도 돈 많은 할아버지, 할머니를 좋아한다잖아요?

적립금액 복리부리 화법

노후 준비는 수익률보다 먼저 납입기간을 가지고 준비해야만 더 많은 연금자산을 확보할 수 있는데, 그 이유는 바로 시간이 경과함에 따라 점점 복리의 힘이 크게 작용하기 때문입니다.

은퇴자산 마련 화법

앞으로 경제적 은퇴를 할 나이가 되었을 때 노후는 두 가지 타입으로 구분됩니다. 연금을 받고 기뻐하며 안락한 골드인생을 살거나 연금이 없어 아쉬워하며 초라하게 노후를 보내는 것입니다. 경제력 있는 시기에 은퇴자산을 마련하는 것은 행복한 노후생활을 위한 필수조건입니다.

쓸쓸한 노후인생 화법

'내리사랑은 있지만 치사랑은 없다'고 하듯이 '자식 위해 사는 부모는 있어도, 부모 위해 사는 자식은 없다'는 말이 있습니다. 자기들 살기도 바쁜데 부모까지 생각할 경제적 여유가 점점 없어지는 것이 현실입니다. 자식들이 결혼해서 내 품을 떠나면 남아 있는 건 쓸쓸한 노후생활뿐입니다.

샌드위치세대 화법

요즘 30~40대를 샌드위치세대라고 하는 것 아시죠? 늙은 부모를 봉양하는 마지막 세대이자 자식에서 떨어져 노후를 스스로 책임지며 살아야 할 첫 번째 세대이기에 붙은 서글픈 명칭이지요. 그만큼 사회적·경제적·문화적 여건이 해를 거듭할수록 자기책임주의로 바뀌고 있음을 의미합니다. 그래서 요새 젊은 가장들은 대부분 노후를 불안하게 생각합니다. ○○님도 그렇죠?(긍정적 대답 유도)

평균수명과 고령화 화법

○○님! 문제 하나 낼게요. 세계에서 가장 빠른 속도로 늙어가는 나라를 아세요? 불행하게도 우리나라랍니다. 우리나라 고령화 속도는 어떤 나라

와 비교할 수 없을 만큼 빠르다고 합니다. 평균수명 증가 속도도 제일 빠르고요. 평균수명이 늘어난다는 것은 역으로 노후생활을 하는 기간이 길어진다는 뜻 아닐까요? 시간이 갈수록 평균수명이 늘어나는 노후를 미리 준비해 골드인생을 살아가려면 젊어서 하루라도 빨리 노테크를 추진해야 합니다. 특히 복리로 운영되는 연금보험은 가장 적합한 노테크 상품이라 할 수 있습니다.

자기책임시대 화법

○○님! 노후의 자기책임시대, 100세 장수시대에 대비하여 노후를 가족에게 의지하지 않고 자립하려면 노후생활에 필요한 자금을 지금부터 준비해야 합니다. 하루빨리 자구책을 강구해야 합니다. 노후가 닥쳤을 때 자식들이 도와주지 않는다고 불평불만을 할 여건도 안 됩니다. 이를 나무랄 수는 없습니다. 또 미래의 냉혹한 현실이 와닿을 것이기 때문입니다.

삼층보장 화법

20년 후에는 고연령층이 지속적으로 증가해 국민연금 재원이 절대적으로 부족할 것이라고 합니다. 선진국의 경우 노후의 삼층보장론(Three Tiered System)에 입각하여 1차적 책임은 국가가 지고 2차적 책임은 직장(회사)이 지지만, 우리나라는 아직 경제적 지원이 열악한 만큼 자기 자신이 노후를 책임져야 합니다. 즉 풍요로운 노후를 위해서는 3차적 책임은 개인연금에 가입하여 해결해야 한다는 겁니다.

인생말년 행복 화법

요새 직장인의 평균 퇴직연령은 40세 전후라고 합니다. 오래 다녀도 대개 55세를 넘지 못합니다. 20~30년 후의 평균수명을 감안하면 40년 정도가 경제적 능력 없는 노후생활 기간인데 이때를 대비해서 은퇴자산을 확보해야 합니다. 퇴직 후 정기 수입이 없을 때에도 경제적 부담 없이 편안하게 노년을 즐길 수 있어야 합니다. 젊어서 허리띠 졸라매고 고생하더라도 노후가 편해야 사는 것같이 살지 않을까요? 말년이 행복해야 진정 성공한 인생이라 할 수 있습니다.

연금효자 화법

설문자료에 따르면 요즘 젊은 며느리들은 늙은 시부모를 모시려는 사람이 거의 없다고 합니다. 이런 상황에서 자녀가 ○○님에게 용돈을 얼마를 주기를 원하십니까? 아마 주기 힘들고, 또 준다 해도 눈치 보며 받기도 고역일 겁니다. 다가올 미래를 위해 정말 사랑스러운 연금효자를 꼭 키우셔야 합니다. 바로 지금부터 말입니다.

만사든든 화법

연금보험은 은행이나 다른 금융기관의 상품에는 없는 위험보장을 하므로 한 가정을 책임지신 ○○님께는 든든하기 그지없는 편안함을 제공합니다. 노후준비와 가정의 보장자산은 충분할수록 좋습니다.

노인이 아닌 노신사로 제2인생

마음의 청춘은 영원하지만 육신의 청춘은 영원하지 않습니다. 노후가 준비되었다면 늙는다는 것을 두려워할 필요가 없습니다. 세상에서 가장 쉬운 것은 늙는 것이고, 가장 어려운 것은 잘 늙어가는 것이라고 합니다. 노인으로 늙기보다 노신사로 늙어가는 멋진 삶을 사셔야 합니다.

배터리 화법

배터리가 방전되어 자동차가 오도 가도 못하는 경우가 있습니다. 평소 배터리 관리에 신경 썼다면 걱정 없이 운행할 텐데…. 우리 인생도 마찬가지입니다. 소득이 있는 젊은 시기에 최대한 비축했다가 소득이 없는 노후에 알토란처럼 꺼내 쓸 수 있어야 합니다. 노후를 위한 배터리는 꼭 준비해야 합니다.

자식 짐 화법

노후가 되면 돈이 적게 들 것이라 생각하여 연금이 필요 없다는 분이 있습니다. 그러나 자녀를 독립시키고 나서 인생을 여유롭게 보내려면 지금부터 준비하셔야 합니다. 준비 없이는 노년의 여유는커녕 자식에게 짐만 될 뿐입니다.

퇴직금 화법

○○님께서도 알듯이 수십 년 뒤에 받는 퇴직금은 만족할 만큼 풍족한 액수가 아닙니다. 그렇기 때문에 많은 사람이 퇴직금 보완책으로 선호하는 상품이 연금보험입니다. 연금보험에 가입하면 종신토록 연금을 받을 수 있어 노후를 풍족하게 보낼 수 있습니다.

건강장수보장 화법

장수하는 사람이 점점 늘지만 건강하게 장수하는 것만이 복은 아닙니다. 반드시 경제적 여유가 뒷받침되어야 하기 때문입니다. 그런데 경제적 여유는 내가 필요로 할 때 단시간 안에 해결되는 문제가 아닙니다. 연금보험에 가입하면 노후를 풍요롭게 보내는 데 필수조건인 경제적 여유를 보장받습니다.

설렁탕 값 3억 2,850만 원 화법

○○님! 직장은 대부분 정년퇴직 연령이 60세쯤 되잖아요. 그리고 기대여명으로 볼 때 90세까지는 살고요. 그럼 30년 동안 돈이 얼마나 들어갈까요? 그냥 아무것도 안 하고 먹는 것만 갖고 얘기할게요. 설렁탕 한 그릇이 5,000원이죠. 남편과 함께 먹으면 1만 원이에요. 하루에 세 끼면 3만 원이잖아요. 설렁탕만 먹는 데도 30년 동안 얼마나 필요한지 아세요. 3억 2,850만 원이에요. 그런데 사람이 설렁탕만 먹고 살 수 있나요? 골드에이지를 보내려면 하루빨리 노테크를 하셔야 합니다.

제3의 인생 화법

출생을 제1인생, 결혼을 제2인생, 인생의 황혼기를 제3인생이라고 합니다. 그런데 제3인생에 대해서는 많은 사람이 미래의 일이라 생각하면서 무관심한 것 같습니다. 그러나 조만간 다가오는 노후를 후회하지 않고 보내려면 지금부터 준비해야 합니다. 지금 여유가 없으면 노후에는 더욱더 여유 없는 궁핍한 황혼기를 보내셔야 합니다.

여자필수품 화법

여성은 남성보다 평균수명이 길어서 10년 정도 더 오래 삽니다. 앞으로 20년 후에는 평균수명이 100세나 된다고 합니다. 정년 이후의 노후생활이 자그마치 40년 이상이나 된다는 말입니다. 이런 기나긴 노후에 생활자금이 넉넉하지 못하면 얼마나 한탄스럽겠습니까? 그래서 연금은 여자라는 말이 생겨났지요.

자식들에게 노후봉양 받을 자신

자녀를 진정으로 사랑한다면 지금 당장 잘해주는 것이 능사가 아닙니다. 노후에 자녀에게 부담되는 부모보다 자녀에게 뭔가 해줄 수 있는 부모가 되어야 합니다. 부족한 노후 준비로 자식과 불협화음이 생긴다거나 자식이 안쓰럽게 생각한다면 이는 모두에게 고통을 안겨다줄 겁니다. 연금보험 가입은 자식을 위한 또 다른 사랑의 표현이라고 할 수 있습니다. 연금보험 가입은 확실한 효자를 하나 얻은 것과 같습니다.

미래 시뮬레이션 화법

선택은 자유이지만 나중에 맞이하는 결과는 필연입니다. 자신의 인생은 누구나 선택할 수 있습니다. 그렇지만 선택으로 맞는 노후는 전혀 다른 두 얼굴일 겁니다. 풍요와 빈곤, 당당함과 초라함, 희망과 절망, 베푸는 것과 구걸하는 것 등 상반된 모습으로 나타나게 됩니다. 가족의 미래를 한번 시뮬레이션해보시겠습니까?

풍요로운 노후 맞이 화법

사람들은 나이가 들수록 필요한 자금을 준비하려 해도 시간이 없다는 느낌이 들기 마련입니다. 평생 동안 일에 매달려 재산을 모았지만 퇴직 후 노후생활 자금으로는 턱없이 부족한 게 현실 아닌가요? ○○님! 살아 있는 동안만큼은 즐겁게 보내고자 하는 것이 우리 마음이고, 노후를 풍요롭게 보내고자 하는 것 또한 우리 바람입니다. 우리의 마음과 바람은 확실한 수입이 있을 때 충분하게 준비해야 가능합니다.

연령차 큰 부부 설득 화법

연금은 대부분 남편 중심입니다. 특히 종신형 연금으로 가입했다면 남편 사망 후에는 아내에게 연금이 지급되지 않습니다. 부부간에 나이 차이가 클 때는 큰 문제입니다. 이런 불상사를 피하려면 남편과 아내가 따로 연금에 가입해야 합니다. 보험도 한 번 들어본 사람이 또 듭니다. 고기는 푸줏간 주인이 잘 안다는 말이 있습니다.

풍성한 열매 화법

지금부터라도 개인연금이라는 씨앗을 뿌리십시오. 자라는 과정은 제가 꼼꼼히 살펴드리겠습니다. 단지 비료 값으로 매월 일정액의 돈(보험료)만 지불하면 됩니다. 그러면 ○○님의 노후에는 아름답고 풍성한 열매가 맺혀 항상 즐거운 생활을 할 수 있을 겁니다. 행복한 노후를 위한 소중한 연금씨앗을 하루빨리 뿌리고 가꾸어야 합니다.

노후 두 얼굴 화법

노후는 두 얼굴이 있습니다. 늙어서 힘도 없고 모아놓은 돈도 없고 미래에 대한 꿈도 사라져서 가장 비참한 시련기가 될 수도 있습니다. 반대로 자녀를 다 키우고 지긋지긋하던 일에서 해방되어 자기가 하고 싶은 일을 마음껏 할 인생의 황금기로 다가설 수도 있습니다. 결국 노후생활을 시련기와 황금기로 구분 짓는 희비쌍곡선은 나이가 아니라 두둑한 노후자금입니다.

남편으로서 책임 화법

두 분이 장수하는 것이 가장 이상적입니다. 그러나 ○○님께서 오래 산다 하더라도 남자가 더 일찍 사망하는 것이 일반적이므로 그 후에 홀로 남아 노후를 보내야 하는 배우자를 위해 미리 노후대책을 세우는 것은 주소득원인 남편의 기본책임입니다. 안 그렇습니까?

평생 월급통장

다른 금융기관의 연금상품은 모두 10년, 20년 등 연금수급기간이 한정되어 20~30년 후 기대여명으로 볼 때 100세를 바라보는 장수시대에는 적합하지 않습니다. 일에서도 결과가 중요하듯 인생살이에서도 유종의 미가 중요하기 때문에 연금상품 중 유일하게 종신토록 보장하는 연금보험에 가입해야만 노후를 아름답게 갈무리하실 수 있습니다. 연금보험은 노후 행복을 보장하는 최고의 노테크 상품입니다.

비과세 혜택이 주어지는 유일한 연금보험

연금보험은 10년 이상 가입하면 이자수익에 대한 세금이 면제되는데 이런 세제혜택은 다른 상품에서 찾아보기 힘든 큰 장점입니다. 일반연금보험은 이자소득을 목적으로 하는 장기저축성보험 형식이므로 소득공제를 받을 수 없다는 점에서 연금저축과 다르며 이것이 가장 큰 단점이지요. 그러나 일반연금보험은 소득공제 혜택이 없는 대신 다른 연금상품과 비교할 때 위험에 대한 보장 이외에 이자소득세가 완전히 비과세된다는 장점이 있습니다. 소득공제혜택이 없는 대신 비과세 혜택이 주어지는 유일한 연금보험입니다.

연금소득세 비과세 화법

현재 출시된 연금상품 중에서 비과세 혜택이 주어지는 상품은 보험사에서 판매하는 전통형 연금보험상품 말고는 없습니다. 10년 이상 유지할 경우에는 연금이자에 대해 세금을 한 푼도 매기지 않습니다. 이에 따라 은퇴 후 수령하는 연금액에 대해서도 연금소득세가 없습니다. 또 세액공제 혜택이 없으므로 10년 후 언제든지 일시금으로도 수령할 수 있습니다. (연금저축은 세액공제를 받는 대신 과세이연에 따라 연금소득세가 붙지만, 연금보험은 연금소득세가 붙지 않는 점을 강조한다. 또 연금저축은 일시금으로 수령할 수 없게 제도적인 장치가 있는 것도 알려준다.)

지급되는 연금 총액

간혹 연금보험상품에 대해 사업비가 많이 들어가 다른 금융기관의 연금상품보다 수익률이 낮지 않느냐고 질문하는 사람이 있습니다. 물론 단기간에는 그런 측면도 있습니다. 그러나 연금은 기나긴 노후를 대비하기 위해 최소한 10년 이상 불입하여 적립된 금액을 은퇴 이후 생활자금으로 활용할 목적으로 가입하는 것인 만큼, 10년 이상이라는 장기간 상품운용을 전제로 볼 때에는 다른 금융기관의 상품보다 수익률이 그리 떨어지지 않습니다. 특히 종신형은 오래 살수록 연금지급액이 많은데 55세부터 80세까지 연금을 지급하더라도 다른 금융기관의 연금상품보다 총지급액이 더 많습니다. 다른 금융기관의 상품은 연금상품의 구조상 20년을 초과하여 연금을 지급하지 못합니다.

최저보증제도 화법

연금보험은 안정성을 고려해 상품부리이율에 최저보증제도를 도입해 운용합니다. 보험권을 제외한 나머지 금융기관에서는 최저보증이 없습니다. 이 점이 다른 금융기관의 연금상품과 비교할 때 보험사의 연금보험 상품이 선호되는 가장 큰 이유입니다.

유일한 비과세 연금상품

은퇴자산을 마련하기 위해 금융상품에 가입할 경우 이자소득세에 대한 원천징수는 목돈마련에 매우 큰 걸림돌로 작용합니다. 그런데 연금보험에 가입한 후 10년 이상 유지하면 계약이 만기가 되었다거나 중도해약에서 발생하는 이자소득에 대해 한 푼의 원천징수 없이 전액 비과세혜택이 주어집니다(소득세법 시행령 제25조). 가입 이후 10년이 경과하든지 또는 그 이후 일정 시점에서 연금을 수령할 경우에는 비과세가 적용되는 유일한 연금상품입니다.

젊어서 가입해야 유리

나이를 먹어서 가입하면 똑같은 상품을 똑같은 기간 불입해도 젊어서 가입했을 때보다 보험료 부담액이 훨씬 큽니다. 예를 들어 20세 때 가입하였을 경우의 보험료 부담액을 100이라고 한다면 30세 때 가입하면 보험료 부담액이 약 150으로 늘어나고, 50세 때 가입하면 약 400이 넘게 됩니다(실질적인 시뮬레이션 실시).

노후플랜에 따라 가입금액 결정

개인연금의 가입 목적은 노후자금 마련이므로 지금 매월 얼마를 내야 하는가보다 안정적인 노후생활을 위해서는 얼마 정도 가입해야 하는지를 살펴보아야 합니다. 따라서 몇 살부터 노후생활을 시작할 것이며 지금 돈 가치로 보아 얼마 정도의 생활을 유지하려면 은퇴시점까지 노후자금을 얼마나 모아야 하는지 계산해보고, 지금부터 은퇴시점까지 이 정도의 노후자금을 마련하려면 매달 보험료를 얼마나 불입해야 하는지 알아보아야 합니다. 따라서 이러한 기본 제안서를 올바로 설계해주는 저 같은 전문 FC와 상담하는 것이 가장 현명한 방법입니다.

생일 전에 가입해야 유리

개인연금 보험료 계산에는 만 연령을 적용합니다. 따라서 생일에서 하루라도 지나 가입하면 연금보험료가 올라갑니다. 이왕 연금에 가입할 거라면 가급적 일찍 그리고 생일이 지나기 전에 가입하는 것이 보험료가 싸므로 경제적 부담이 줄어듭니다.

노후에 대한 장밋빛 환상

톨스토이는 "자식은 부모에게 세 가지 즐거움을 안겨준다. 첫째, 부모가 젊었을 때에는 재롱을 피워주고 둘째 늙었을 때에는 부양을 해주고, 셋째 죽어서는 제사를 지내준다"라고 했습니다. 그러나 세상이 변하여 톨스토이가 말한 인생의 세 가지 즐거운 맛을 부모에게 모두 다 주는 자식은 별로 없습니다. 앞으로는 더욱 그렇습니다. 부모에게 줄 수 있는 세 가지 즐거움 중 한 가지는 자식이 못해주는 세대로 가는데 바로 둘째인 부모가 늙었을 때에는 부양하는 문제입니다.

스크랩인생 화법

평균수명이 점점 길어져 60 환갑잔치가 칠순잔치로 이연되듯이 노후는 국수가닥처럼 늘어나고 있습니다. 환갑인 60세 이후가 편안한 노후가 아니고 또 하나의 고령화 장수시대로 접어드는 변곡점이 될 수도 있으므로 은퇴 후의 노후를 객관적으로 시뮬레이션해서 노후 삶의 현주소를 냉철히 조명해야 합니다. 노후가 신바람 나는 실버인생(Silver Life)이나 럭셔리한 골드인생(Gold Life)이 되기는커녕 자칫 고통의 연속인 스크랩인생(Scrap Life)이 될 수도 있습니다. 고령화에 따른 장수위험(Longevity Risk)이 이제 남의 말이 아닌 현실로 굳어져 가고 있는 겁니다.

'30 : 30 : 40' 인생법칙 화법

가정경제를 책임지는 부모로서 경제적 책임 유무로 인생 단계별 라이프사이클을 살펴보면 우리네 인생에는 세 개의 마루가 존재합니다. 첫째 고개 마루는 미성년자로서 부모에게 의존하는 인생길로 30세까지죠. 둘째 고개 마루는 부모로서 자녀를 책임지는 인생길입니다. 경제적으로 가장 성숙된 이 시기는 가정의 모든 책임을 짊어지고 가야 할 시기로서 은퇴 이전가지의 삶을 말합니다. 즉 60세까지라 할 수 있습니다. 셋째 고개 마루는 황혼에 이르는 자기책임의 인생길입니다. 부모로서 자식에 대한 책임과 의무를 다하고 난 다음 부부만의 혹은 나만의 시간을 거치면서 풍요롭고 보람되게 보내야 하는 자기충실의 황혼기를 말합니다. 이 시기는 경제적으로 모두 은퇴한 이후 부부 모두 사망할 때까지이므로 젊은 세대에 견주어볼 때 100세 장수시대가 도래하므로 약 40년간이라고 할 수 있습니다. 이것이 '30 : 30 : 40'의 인생법칙입니다.

노후생활을 풍요롭게 하기 위해서는 30대부터 보너스를 제외하고 월소득의 30%는 부부만의 노후를 위해 갈무리해야 돈 없는 노후 40년, 일거리 없는 노년기 40년을 당당하고 즐겁게 보낼 수 있습니다.

지출기간 화법

인생을 수입과 지출로 구분하면 세 단계로 나눌 수 있습니다. 태어나서 대학을 졸업하기까지의 기간은 투자기간, 취업해서 은퇴할 때까지 경제활동기는 회수기간, 은퇴 이후 노후생활 기간은 지출기간으로 분류합니다. 예전에는 지출기간을 자녀가 책임졌지만 지금은 모두 자신이 책임을 져야 합니다.

샐러리맨인 직장인에게는 안전판

지금은 가치기준이 평생직장이 아닌 평생직업으로 바뀌고 있습니다. 그러다보니 정년까지 채우고 퇴직하는 직장인이 많지 않습니다. 통계자료에 따르면 5% 정도만이 정년퇴직한다고 합니다. 별도의 노후대책을 마련하지 못하고 퇴직하면 큰 문제이므로 개인연금에 들어야 합니다. 퇴직연금에 가입했다 해도 소득대체율이 그리 높지 않으므로 개인연금에 가입해야만 노후 생활비 부족분을 충당할 수 있습니다.

결혼하지 않은 성년층에게는 연금자산 미래가치 극대화

은퇴설계는 젊은 시절부터 하는 것이 가장 경제적인 인생재테크 방법입니다. 미혼 남녀에게 개인연금은 미래를 위한 재테크 품목이자 노후를 위한 준비 도구로 양수겸장일 수 있습니다. 우리나라 사람들이 보통 노후준비를 30대 중반부터 하는데 이보다 미리 준비한다면 적은 돈을 짬짬이 연금에 불입하여 시드머니(Seed Money)의 미래가치를 최대한 키울 수 있습니다.

따라서 아직 씀씀이가 많지 않은 시기인 젊었을 때, 즉 사회생활을 시작하는 시기부터 행복한 노후를 위해 준비하는 것이 나중에 불입금액 부담도 덜고 연금자산의 파이도 가입기간에 비례(복리에 따른 시간의 가치 창출)하여 더욱 키울 수 있어 바람직합니다.

재산을 가족에게 상속하고 싶은 사람에게는 금상첨화

연금보험은 재산상속 수단으로 활용하기 매우 좋은 상품입니다. 예를 들어 연금보험 중 상속형을 선택했다면 가입자인 부모가 사망하더라도 연금의 일정부분이 자녀에게 자동 상속됩니다. 그리고 상속 차원에서 부모가 맨 처음부터 자녀를 계약자로 하여 개인연금에 가입하는 방법도 있습니다.

이 경우 만기 때 증여세를 내지 않을 정도의 보험료 규모로 가입하면 됩니다. 즉 미성년 자녀에게는 10년 동안 매월 12만 5,000원씩, 성년 자녀에게는 매월 25만 원씩 들어가도록 개인연금을 설계해서 가입하면 됩니다. 그런데 여기서 가입 가능한 연금은 연금저축보험을 제외한 나머지 일반연금보험과 변액연금보험입니다. 이때 보험계약자와 수익자는 반드시 자녀명의로 해야 함을 잊지 마시고요.

연금저축으로 미래가치 극대화

연금저축보험은 사회보장적 성격을 띠기 때문에 세제지원을 대폭적으로 해주어 현재 시점에서 재테크에도 매우 유리한 상품입니다. 또 연금저축보험은 수익률이 저조하면 계약 이전을 어느 금융기관의 연금저축상품이든 자유롭게 할 수 있다는 장점이 있는데, 이는 연금저축상품만의 매력 포인트입니다.

연금저축의 현재가치는 최대 세액공제 혜택

연금저축의 강점은 무엇보다 강력한 세금 혜택입니다. 연금저축은 노후 대비 전용상품이므로 장기간 불입해야 하는데 불입기간이 너무 길다 보니 가입을 꺼릴 수 있습니다. 이러한 단점을 보완하기 위해 상당한 세제 혜택을 주는 것입니다.

정부에서 세제를 지원해주는 연금저축보험은 연간 총 1,800만 원까지 불입할 수 있는데 연간 납입한 보험료 중에서 400만 원 한도로 최고 16.5% 까지 세액공제 혜택을 주고 있습니다. 보장성보험보다 세액공제 규모가 커서 실질적인 세금환급액이 더 많습니다(사례 예시).

감가상각충당금 적립화법

자동차를 소유하면 매년 중고차 가격이 내려가듯 공장의 기계설비는 계속 사용하다 보면 점점 노후화되어 가치도 함께 떨어지는데 이를 감가상각이라 합니다. 기계는 시간이 흐르면 언젠가 못쓰게 되어 새것으로 교체해야 하는데 이때 목돈이 필요합니다. 이럴 때를 대비해 기업에서는 감가상각충당금이라 하여 매년 비축합니다.

이처럼 사람의 신체도 나이 들면 기능이 점점 떨어집니다. 인체를 기계처럼 새것으로 모두 교체할 수는 없으므로 경제활동 기간에는 신체기능에 대한 감가상각충당금(노후생활보장비)을 적립해야 합니다. 그래야 경제활동을 못하는 노후에도 계속 수입(연금)을 유지할 수 있게 됩니다.

노후준비를 빨리 해야 하는 이유

노후를 하루빨리 준비하라는 가장 큰 이유는 100세 장수시대 돈 못 버는 노후 40년 동안 생활할 자금이 산술적으로 너무도 어마어마하게 필요하기 때문입니다. 한 가지 예를 들어봅니다. 쉽게 설명해 적게 잡아 한 끼에 4,000원 정도 들어갈 때 부부의 하루 음식비만 2만 4,000원 들 것입니다. 60세에 은퇴한 이후 부부가 100년 해로한다면 40년 동안 들어가는 음식비만 해도 자그마치 3억 5,040만 원이나 됩니다.

이외에 기본적으로 지출되는 소비성 비용인 주거비, 광열수도비, 피복·신발비, 보건의료비, 교통통신비 등을 모두 합치면 대충 얼마나 많은 노후생활자금이 필요한지 짐작할 것입니다. 따라서 돈 버는 기간은 30세부터 60세까지인데 돈 쓰는 노후는 40년간이나 되므로 언제부터 준비해야만 그 많은 노후생활자금을 충당할지 늘 염두에 두고 빨리 시작해야 합니다.

연금자산 파이는 종자돈 규모와 가입기간의 시너지효과로 극대화

현실적으로 시드머니 크기를 늘릴 수 없다면 가입기간이라도 늘려 잡아야 합니다. 이렇게 말하면 어떤 사람은 그냥 대충 10년 동안 불입한 것과 20~30년 동안 불입한 것이 수익을 두세 배 정도 더 가져다주는 것 아닌가 하면서 나중에 돈 많이 벌어서 그때 큰 걸로 연금보험 가입하지 뭐… 하고 은근슬쩍 넘어가는 경우도 있습니다. 만약 ○○님이 이렇게 생각하면서 당장 연금설계를 안 한다면 나중에 정말 후회 많이 할 수 있습니다. 그리고 이 사람은 복리의 법칙을 간과한 것입니다. 재무 여력에 따라 납입기간을 짧게 하고 거치기간이 길수록 복리의 놀라운 효과를 볼 수 있습니다.

가입시기를 최대한 앞당겨야

자녀 교육자금이 많이 지출되기 전에 주택자금과 더불어 노후자금도 짬짬이 마련해나가야 합니다. 장기간 운용해야 하는 연금상품은 금리가 높을수록, 불입기간이 길수록, 장기투자할수록 연금자산이 증가하는 속도가 빨라집니다. 작은 돈이라도 하루빨리 노테크를 해야만 적립한 보험료의 운용기간이 길어져 수익률이 높아지므로 연금자산의 파이를 키울 수 있습니다. 젊은 세대는 우리나라 사람들의 은퇴준비 적정연령대로 생각하는 30대 중반 이전부터 연금에 가입하여 20년 이상 은퇴준비를 해야 자신이 원하는 규모의 근사치까지 연금자산을 확보할 수 있습니다. 그런데 이 시기를 앞당기면 그만큼 더 수월하게 월 불입액 부담을 덜면서도 연금파이는 더 커지게 할 수 있습니다.

배우자의 노후까지 책임지는 은퇴설계

은퇴설계는 나만의 설계가 아닌 반드시 배우자의 노후까지 책임지는 설계를 해야 합니다. 그래야 가장의 책임과 의무를 다하면서 자신이 가꾸어놓은 가정이 소멸될 때까지 책임을 질 수 있습니다. 가정의 소멸은 자신이 사망함으로 이루어지는 것이 아니라 자녀의 독립은 물론 배우자가 사망하는 시점에 이루어지므로 이를 염두에 두고 연금설계를 해야 합니다.

황금기의 노년

탈무드에는 '어리석은 자의 노년은 겨울이지만 현자의 노년은 황금기'라는 격언이 있습니다. 젊을 때부터 노후에 행복한 현자가 되기 위한 준비를 착실히 해야 합니다. 그래야 다가오는 인생의 가을이 아름답게 펼쳐져 스크랩인생이 아닌 고품격의 평화로운 삶(Peace Life)으로 영그는 골드에이지가 됩니다.

삶의 질 화법

혹시 이런 말 들어보셨는지요? "인간은 얼마나 사느냐가 문제가 아니라 어떻게 사느냐가 문제인 것이다." 영국 시인 필립 제임스 베일리(Philip James Bailey)가 한 말입니다. 이 말은 100세 장수시대, 즉 호모헌드레드(Homo-hundred) 시대에는 삶의 목적이 오래 사는 것이 아니라 여유롭고 행복하게 살아가야 함을 의미합니다.

건강생활보험 니즈환기화법
Action Planning

Selling Point 우리의 일상생활에서 가장 큰 관심사는 건강이다. 건강을 중요시하는 사람이 해를 거듭할수록 느는 것은 그만큼 생활수준이 향상되어 자기관리에 힘을 쏟기 때문이다.

보험 또한 순수보장성 상품보다 일상생활의 안정을 보장하는 건강생활보험상품(생활보장보험, 질병보험, 실버케어보험 등 모든 건강보험상품)을 선호하므로 보험컨설팅을 할 때에는 고객의 변화하는 라이프 코드에 맞춰 니즈와 원츠를 환기하는 화술이 필요하다.

재치화법 Action Planning

- 우리나라 사람들의 최대 관심사는 건강이라 합니다. ○○님에게도 가장 필요한 보험은 생활보장형 보험상품이라 할 수 있습니다.
- ○○님께서는 보험상품을 사는 것이 아니라 생활보장자산을 미리 사

는 겁니다. 이 계약이 체결될 때 ○○님은 편안함과 만족감을 갖게 될 겁니다.

- 지금은 각종 공해와 스트레스 등 질병요인이 증가하고 개인의 건강 관리의 중요성이 확산되면서 암보험, CI보험 등 질병보험 가입이 늘어나는 상황입니다.

- 감기나 간단한 병은 국민건강보험에서 처리합니다. 그러나 성인병이나 큰돈이 들어가는 중요 질병은 국민건강보험으로 커버되지 않습니다. 이 ○○보험에 가입하셔야 해결할 수 있습니다.

- 시대가 바뀌면서 사람들의 생활은 편해지고 평균수명은 늘어났지만 갖가지 질병이 생기면서 시름시름 앓으며 고생하는 기간도 길어졌습니다.

*

- CI보험은 뇌졸중, 심근경색, 암 말기, 신부전증 등 중대 질병에 걸렸을 경우 사망보험금을 선지급하고 사망한 때에는 잔여보험금을 유가족에게 지급하는 생활보장상품입니다.

- 실버케어보험은 고령화에 따른 의료비 부담 증가와 날로 높아지는 노후 간병에 걱정을 덜어주는 골드인생 상품입니다.

- 치매와 중풍은 온 가족에게 경제적으로 심각한 상황을 야기함으로써 긴 시간 가정의 행복을 빼앗는 치명적인 질병임을 잊어서는 안 됩니다.

- 좋은 암보험상품은 암이 발생했을 때 온 가족이 평생 동안 암 진단 때부터 통원 치료하여 완쾌될 때까지 전 과정에서 발생하는 의료비를 보장하는 상품입니다.

- 사람들은 암을 가장 무서운 질병이라고 생각하지만 암은 완치 가능한 경우가 많습니다. 하지만 치료비가 가장 큰 걸림돌입니다.
- 요즘 '아직도 생활보장보험에 가입하지 않았느냐?'는 말이 회자될 정도로 누구나 이 ○○보험에 가입하고 있습니다.

설득화법 Action Planning

보험증권 선물 화법

선진국에서는 결혼상대자를 선택할 때 보험증권이 중요한 척도가 된다고 합니다. 보험은 건강한 사람만이 가입할 수 있고 가족의 생활을 보장하므로 사랑하는 가족에 대한 애정의 척도 역할을 하기 때문이죠.

가장으로서의 책임은 다해야

○○님이 생계를 해결하기 위해 무슨 일이든 하실 겁니다. 그러나 자녀가 아직 어리므로 아빠, 즉 가장으로서 책임은 다하셔야 합니다. 아빠가 와병이라든지 안 계셔도 엄마가 생활전선에 나가지 않고 가계를 꾸려가면서 자녀를 보살필 수 있도록 경제적 준비를 해놓으셔야 합니다. 아이들은 엄마의 온전한 사랑과 보살핌이 절실한 꿈나무입니다.

양아들 화법

자식한테 매월 ○○만 원씩 용돈을 준다고 나중에 내가 아프면 보살펴줄까요? 아픈 사람만 속상하지요. 그래서 저는 요즘 양자를 들였습니다.

건강보험은 양자인데 한 달에 ○○만 원씩 용돈을 줘도 내가 나중에 아프면 치료비로 ○백만 원씩 보태줍니다. 건강보험이라는 양자는 어른이 될 때까지 무작정 기다릴 필요도 없습니다. 양자로 들이는 즉시 효자노릇을 하니까요. 건강보험을 양자로 들이는 게 어떻습니까?

치료비부담 화법

한 달에 ○○만 원은 큰돈이지만 지금 당장 이 돈이 없다고 문제되지는 않을 겁니다. 그렇죠?(긍정적 대답 유도) 그러나 질병에 걸려 입원했을 때 목돈으로 들어가는 치료비는 커다란 부담으로 다가올 겁니다.

치료비 보장 화법

긴 병에는 효자 없고, 병에는 장사 없다는 말이 있습니다. 가족 중에서 한 명이라도 치명적인 질병에 걸리면 가족 전체가 슬픔에 잠기게 됩니다. 그러나 시간이 지나면서 가족은 치료비로 고통받고, 간호로 몸이 축나고, 나중에는 치료비와 간호를 서로 미루는 일을 흔히 봅니다. 게다가 그동안 애써서 모은 재산을 치료비와 입원비로 몽땅 날린다면 몸이 아프고 속상하고 재산 날리고 얼마나 서글픈 일입니까? 이럴 때 건강보험에 가입했다면 얼마나 도움이 되겠습니까?

가치소유 화법

사람의 건강은 일반적으로 나이 먹을수록 나빠집니다. 따라서 어느 시기가 되면 나이와 건강 때문에 보험가입이 불가능할 수 있으므로 미리 가입해야 합니다. 위험은 때를 기다려주지 않습니다. 가치를 부여할 줄 아는 사람만이 가치를 올바로 소유할 수 있습니다.

행복테크 화법

행복은 자신만의 행복이 아닌 가족 모두를 위한 행복이어야 가장으로서 책임과 의무가 매조지될 수 있습니다. 따라서 손쉬운 것부터 행복설계를 해야 합니다. 즉 생활보장보험을 통해 복을 불러들여 행복이 영글도록 방법을 모색해야 합니다.

노인들의 가장 무서운 질병

노인들의 사망원인 1위는 중풍과 치매입니다. 전 세계적으로 가장 골치 아프게 생각하는 질병도 다름 아닌 중풍과 치매입니다. 장수사회로 접어들수록 늘어만 가는 노인인구만큼 피할 수 없는 것이 노인성 질병의 급속한 증가입니다. 반드시 이에 대비해야 합니다.

치매유병률 화법

노후에 가장 걱정거리로 대두하는 것이 무언지 아세요? 바로 노인 삼고(三苦)라는 아프고(病苦), 가난하고(貧苦), 고독하고(孤苦)랍니다. 가난하고 외로운 것이 노년에는 고통인데, 이보다 더한 고통은 노인성 질환에 따른 병고이지요. 노인성 중증질환이 나날이 크게 증가하고 있습니다. 우리나라 노인들의 치매유병률은 약 9%인데 이는 경제협력개발기구(OECD)가 발표한 세계 각국의 치매유병률 중 세계 최고 수준이라고 합니다.

노인성질병 증가 화법

사회보장제도를 완벽하게 실현한다는 취지를 표현할 때 영국의 베버리지가 발표한 보고서 '요람에서 무덤까지(From the Cradle to the Grave)'를 곧잘 인용하는데요, 요새는 이를 빗대어 우스갯소리로 '요람에서 치매까지(From the Cradle to the Dementia)'라 할 정도로 치매나 뇌졸중(중풍), 파킨슨병 같은 각종 노인성 중증질환이 늘고 있습니다. 가장 큰 문제는 노인성 질환이 발생하는 순간부터 온 가족에게 먹구름이 낀다는 것이지요. 노인성 질병은 대부분 장기 간병상태를 동반하면서 본인과 가족의 삶에 막대한 영향을 미칩니다.

999844가 아닌 998834

100세 장수시대가 되면 아파서 드러눕는 기간이 길어질 경우 장수가 고통도 아닌 재앙이 될 수도 있습니다. 그래서 '999844가 아닌 998834가 되게 하자'고 말합니다.

999844는 99살까지 구차하게 입에 풀칠하면서 구박받고 살다가 죽는 것을 말합니다. 998834는 99살까지 팔팔하게 살다가 딱 3일만 아프고 가는 것을 일컫는 노후의 서글픔을 나타내는 신조어인데, 이면에는 장생의 위험을 경고하는 역설적 메시지가 숨어 있습니다. 그레이 로맨스(Grey Romance)를 꿈꾸려면 경제적 고통과 더불어 질병의 고통에서 벗어나도록 미리 철저하게 준비해야 합니다.

과반수가 건강적신호

우리나라 사람의 무려 과반수가 건강에 적신호가 켜졌다고 합니다. 40

세 이상은 10명 중 7명이 심장건강에 빨간불이 켜진 상태라고 합니다. 특히 남성은 동일 연령대의 여성보다 사망률이 40대는 2.5배 이상, 50대는 2.9배 이상 더 높습니다. 일반사망률만을 놓고 볼 때 40대 남성은 여성보다 3배 이상 높습니다.

가장 나쁜 불청객

○○님! 요새 사람들에게 소리 없이 자주 찾아오는 불청객이 뭔지 아세요? 바로 암입니다. 우리나라 사람은 암을 가장 무서운 질병이라고 생각한다고 합니다. 보건복지부에서 발표한 자료에 따르면 평균수명까지 생존할 경우 암에 걸릴 확률이 남자는 3명 중 1명, 여자는 5명 중 1명입니다.

3대 성인병 화법

통계청이 발표한 '사망 및 사망원인 통계결과'를 살펴보면 악성신생물(암), 뇌혈관질환, 심장질환 등 3대 사망원인으로 인한 사망자가 전체 사망자의 절반 가까이 된다고 합니다. 2명 중 한 명은 3대 성인병으로 사망한다는 얘기이지요. 이렇게 사망확률이 높은 질병에 헤지 방안을 모색하지 않으면 자칫 가정경제에 엄청난 부담을 주게 됩니다.

SOS 화법

계약자 한 분이 중증 질병으로 병원에 입원하면 세 명이 달려옵니다. 진찰하느라고 당연히 의사가 맨 먼저 달려오고, 그다음에는 위로하느라고 목사가 달려오겠지요? 그다음에는 저희 보험회사에서 치료비를 가지고 달려가겠습니다.

생활필수품 화법

○○님은 혹시 암을 어떻게 생각하십니까? 일반적으로 가장 무서운 병이 암이라고 하는데 사실 암은 불치의 병이 아닙니다. 조기에 발견하면 90% 이상은 완치할 수 있답니다. 고칠 수 있는데도 불치병으로 남는 것이 바로 암입니다. 막대한 치료비를 감당하지 못하는 경우이지요. ○○님은 건강에 자신 있으세요?

대부분의 남성이 담배, 술, 스트레스 때문에 암 발생 위험이 무척 큽니다. 실제로 10명 중 3명은 암으로 사망하고요. 위암, 폐암, 간암이 대부분이죠. 어떤 경우는 술이나 담배를 전혀 하지 않는데도 암에 걸린다고 합니다. 그래서 요즘 암보험은 누구나 생활필수품으로 생각하며 가입합니다.

담뱃값 화법

플러스(+)와 마이너스(-)가 만나면 제로가 됩니다. 담배가 인생을 즐기는 데 도움이 된다면 플러스지만 암을 유발한다는 점에서는 마이너스입니다. 담배를 피우려면 담뱃값만큼 돼지저금통에 매일 저축했다가 이 돈으로 암보험에 가입하세요. 그러면 암 걱정을 해결할 수 있습니다.

백업장치 화법

컴퓨터로 작업하다가 바이러스에 걸려서 작업한 것을 몽땅 날린다면 얼마나 애석한 일입니까? 그러나 백업장치가 있다면 바이러스가 침투해도 그동안 작업한 데이터를 지켜줍니다. 한번 암에 걸리면 막대한 치료비 때문에 그동안 이룩한 재산이 몽땅 날아갑니다. 이럴 때 암보험에 가입했다면 치료비를 보험 처리할 수 있습니다.

국방비 화법

우리가 내는 세금의 3분의 1은 국방비로 들어갑니다. 물론 이 돈을 경제 개발에 투자하면 더 잘살 수 있지만 그래도 만약의 사태에 대비해서 국방비로 쓰는 것을 아까워하는 사람은 없습니다. 가정의 안보를 위해 우리가 투자하는 이 ○○보험은 국방비와 마찬가지입니다.

확률게임 화법

우리나라 남자 암환자의 60%는 위암, 간암, 폐암을 앓고 있습니다. 특히 암환자의 70%가 50대에 집중적으로 발생합니다. 그러나 건강보험으로 충당할 치료비용은 병원 치료비의 40% 수준에 불과합니다. 치료비만 충분하면 죽을병이 아닌데…. 이 ○○보험은 이런 경우에 치료비를 드리는 생활보장보험입니다.

유전무사 화법

요즘 웬만한 중증 질병은 치료 가능합니다. 그러나 입원비와 치료비가 없으면 몸도 고생하고, 마음도 고생하고, 경제도 파탄에 이르게 됩니다. 어떻게 이룬 가정인데 이제 와서 흔들리다니 걱정이 이만저만이 아닐 수 없습니다. 이럴 때 이 ○○보험이 ○○님의 가정경제를 튼튼하게 지켜줄 겁니다.

암사망률 증가 화법

요즘 들어 암 발병률이 부쩍 늘고 있다는 언론보도를 많이 접하셨죠? 암으로 인한 사망률도 10년 전보다 2배 이상 늘어났다는 통계도 있습니다. 전체 사망자 가운데 남자는 3명 중 1명, 여자는 5명 중 1명이 암으로 사망하는 상황입니다. 만일의 경우 암 치료비를 보장받기 위해서도 암보험은 꼭 가입해야 합니다.

인생 항해의 배 화법

인생의 긴 여정을 항해해 나가는 데에는 크게 두 가지 방법이 있습니다. 하나는 혼자서 준비하며 목적지까지 헤엄쳐 가는 것이고, 다른 하나는 배를 타고 안전하게 준비하며 목적지에 가는 것입니다. 건강보험(의료실비보험 등)은 바로 배와 같습니다. 인생의 긴 여정을 안전하게 항해해 나가려면 슬기롭게 대처해야 합니다.

Top 에이전트가 전하는 성공 노하우

고객과 상담할 때에는 '어떻게 상품을 설명할 것인가?'보다는 '고객에게 이 상품이 어떤 이익을 안겨줄까?'를 염두에 두면서 대화를 이끌어가야 한다.

이이즈카 데이코(飯塚帝京)

종신보험 니즈환기화법
Action Planning

Selling Point　고객에게 화법을 전개할 때 그 기본에는 항상 가족 사랑의 소중한 가치전달이 묻어나야 한다. 종신보험에 대한 니즈환기와 더불어 구매 욕구를 확실하게 느끼도록 컨설팅하는 화법 전개가 중요하다.

재치화법 Action Planning

- 어느 누구도 죽음을 막아줄 수는 없습니다. 그렇지만 죽음으로부터 가족을 지켜줄 방법은 있습니다. 바로 종신보험이 그런 역할을 수행합니다.
- 종신보험은 계약하는 순간부터 만기가 보장되는 단 하나의 금융상품입니다.
- 종신보험은 ○○님이 살아 계시는 동안에는 저축이 될 것이고, 만약 ○○님께 무슨 일이 생긴다면 생활보장자산의 역할을 충실히 해

줄 겁니다.

- 만약 ○○님이 돌아가신다면 남은 가족은 세 번의 죽음을 맞게 됩니다. 남편으로서, 아빠로서, 수입원으로서의 죽음이 그겁니다. 종신보험만이 돈을 준비하기 전에 ○○님의 유언을 모두 이뤄드릴 수 있습니다.

- ○○님은 무엇을 위해 일하십니까? 가족을 진정으로 사랑하신다면 종신보험 가입은 선택이 아닌 필수입니다.

- ○○님이 돌아가셨을 때 비록 자녀들은 아빠가 존재하지 않음을 알지만 아빠가 남겨준 보험증권으로 실생활에 보장을 안전하게 받는다는 사실을 깨닫게 될 겁니다.

*

- 만약 ○○님께서 무슨 일을 당하신다면 사랑하는 가족이 눈에 밟히지 않겠어요? 가족의 미래생활 안정을 위해서는 반드시 종신보험에 가입하여 보호받게 해야 합니다.

- ○○님이 매월 가족에게 생활비를 대주듯이, ○○님이 만약의 일을 당하셨을 경우 이 종신보험이 매월 생활비를 ○○님 가족에게 지급할 겁니다.

- ○○님께서 가족의 미래생활을 위해서 투자하는 보험료는 나중에 ○○님이 가장으로서 역할을 하지 못하게 될 때 ○○님 가정에 몇 배의 시너지 효과를 줄 겁니다.

- 가장들이 가족을 사랑하는 마음은 그 무엇과도 비교할 수 없지만, 구체적으로 사랑하는 가족을 위하여 특별히 준비하는 것이 있는지 물어보면 대부분 막연하게 생각하고 있습니다.

- ○○님께서 지금 이 보험에 가입하든지 않든지 가족 중 누군가 그 결과에 책임을 져야 합니다. 종신보험은 종신토록 가족을 사랑하는 분이 가입하는 가족사랑 보험입니다.

- 다른 금융투자는 100만 원을 투자하였을 경우 20만 원의 이익을 보기도 쉽지 않지만 종신보험은 10만 원을 투자하면 가입 시점부터 1억 원 이상을 보장합니다.

- 종신보험은 돈 자체입니다. ○○님께서 혹시 종신보험이 필요없다고 말씀하실 수 있습니다. 그러나 남은 가족에게 돈이 필요없을 거라고는 말씀하지 못하실 겁니다.

- 종신보험은 큰돈을 미래에 받겠다는 것입니다. 그런데 이것이 지금보다 더 싸게 제공되는 일은 없을 겁니다.

- 종신보험은 ○○님이 생을 마감할 때 아내에게 줄 지속적인 가정생활 안정을 위한 신용장입니다.

- ○○님께서는 ○○님 가족을 위한 일종의 담보물과 같습니다. 종신보험에 가입하면 좋은 담보로서의 역할을 충실하게 다하는 것이 됩니다.

- 종신보험에 가입하면 ○○님께서는 지금 살고 계신 집을 불확실한 미래의 운에 맡기는 것이 아니라 사랑하는 가족에게 맡기는 겁니다.

- 종신보험에 들려고 하는 사람은 바로 죽은 다음의 걱정을 잊고 현재의 삶에 애착을 가지고 열심히 살려는 적극적인 사람입니다.

설득화법 Action Planning

1순위 화법

필요한 자산을 확보하는 긴 기간에 주수입원인 가장(Money Machine)은 수많은 리스크에 노출되어 있게 마련입니다. 만약의 경우를 대비하여 가족을 위한 보장과 자산 확보를 통해 가족사랑의 울타리를 1순위로 확보한 후, 저축과 투자로 자산 증식을 도모하는 것이 가장에게는 합리성을 넘어 가족을 위한 가장 중대한 책임의 실천이라 할 수 있습니다.

종신보험은 어떠한 원인으로 사망하든지 고액의 보험금을 지급하도록 설계할 수 있습니다. 또 보장기간이 평생(종신)이므로 하나의 보험으로 평생을 보장받을 수 있습니다. 가장의 사망을 대비하는 데 가장 이상적인 보험입니다. 특정 재해나 질병사망을 보장하고 일정 기간만 보장하는 보험과 질적으로 차이가 납니다.

만약에 화법

우리말에는 '만약에'라는 가정법이 있지만 생명에는 '만약에'가 없습니다. 만약에 가장이 사망했다면 그것으로 가족 전체의 행복한 가정설계도 끝나게 됩니다. 그래서 가장인 ○○님께서는 그런 만약의 사태(상황)에 미리 대비해야만 하는 의무가 있는 겁니다. 이 종신보험이야말로 '만약에'라는 불행을 미연에 방지하는 완벽한 보험입니다.

가장의 경제적 생명가치 인식 화법

사람의 생명을 돈으로 따질 수는 없지만 만약의 사태를 대비해서 생각하지 않을 수도 없기에 가장의 '목숨값,' 즉 경제적 가치에 대하여 생명보험학의 대가인 휴브너 박사는 "생명보험에서 사람의 생명가치는 초과수입, 즉 자신의 생활비와 그 밖의 비용을 초과하여 얻는 수입이다"라고 했습니다. 이는 생명보험은 본질적으로 자기 자신보다 가족을 위한 제도라는 사실과 더불어 가장의 경제적 생명가치는 가족을 위하여 얻는 수입부분만큼만 평가하면 된다는 것을 알려주는 것이지요. 종신보험은 보장자산을 미리 확보하게 함으로써 가장의 경제적 생명가치를 온전히 보장하고 지켜주는 재정안정 수단입니다.

삶의 주춧돌

가족과 오순도순 살아가는 것을 가장 큰 행복이라고 여기는 자녀에게 종신보험은 언제나 경제적 고통 없이 훌륭하게 성장하도록 마련해주는 삶의 주춧돌입니다.

92% 확률 배팅 화법

○○님! 만약 내기에 배팅할 경우 92% 확률에 배팅할까요? 아니면 8% 확률에 배팅할까요? 우리나라 사람들의 사망률은 일반사망률이 92%, 재해사망률이 8%로 나타납니다. 즉 재해사망보다 일반사망 확률이 훨씬 높다는 것을 알 수 있습니다. 재해사망을 당할 확률보다 무려 11.5배나 더 높은 일반사망 원인에 대한 리스크 헤지가 그래서 더 중요한 겁니다. 사망확률이 제일 높은 곳에 배팅하는 종신보험에 당연히 가입해야 합니다.

인생재테크 화법

종신보험은 정기보험과 달리 해약환급금이 지급되므로 재무 설계를 할 때 부족한 자금과 연계하여 장기저축으로도 활용할 수 있습니다. 또 세액공제와 세테크 기능을 적극 활용하여 재테크 효과와 더불어 상속재 원을 마련하기 위한 수단으로도 안성맞춤 상품이라 상속플랜을 자유롭 게 설계할 수 있어 다른 금융상품보다 매우 유리합니다. 또 연금전환 기 능이 있어서 활동기에는 일반사망과 재해사망 구분 없이 고액의 보장을 받고, 은퇴 후에는 연금으로 전환하여 그간 납부한 보험료(해약환급금)를 노후 생활자금으로 전환해 활용할 수 있다는 점도 매우 큰 매력입니다.

Family 화법

가족의 생계를 책임지는 가장이 불의의 사고나 질병으로 사망한다면 남은 가족의 살아갈 길은 막막해질 수밖에 없습니다. 만약의 사태에 대비 할 재산이 충분하다면 다행이지만 그렇지 못할 경우 가족의 미래는 암담 해질 수밖에 없습니다. 재산이 충분하더라도 유가족에게는 상속세, 증여 세 등의 문제가 남습니다. 외국에서는 오래전부터 종신보험을 사후 상속 세를 낼 가장 합법적인 자금마련 통로로 이용하고 있습니다.

경영자 설득 화법

가족이 느끼는 ○○님의 의미는 ○○님께서 직장(직업 또는 회사)에 대해 느끼는 것보다 훨씬 클 겁니다. 그러나 ○○님께서는 이 직장에 대해서는 여러 가지 위험에 대비하고 계시지만 정작 ○○님 본인(자신)에 대해서는 아무런 대비책도 세워놓지 않으셨습니다.(회사 경영자에게 사용)

맑은 날 우산 준비하기

우산은 비 오는 날이나 맑은 날이나 언제든 살 수 있지만 종신보험은 가입할 때가 정해져 있습니다. 오늘 맑다고 해서 내일도 맑을 수는 없겠지요. 어느 때 흐려져 비가 올지 아무도 알 수 없습니다. 우리는 갑자기 비가 오면 우산을 사는데요, 우산은 맑을 때는 물론 비를 조금 맞은 후에도 살 수 있습니다. 그러나 가정의 행복을 지켜주는 우산이라 할 보험은 항상 가입할 수 있는 것은 아닙니다. 종신보험은 ○○님께서 건강하고 경제능력이 있을 때만 가입할 수 있습니다.

시간의 가치 인식

종신보험은 시간이라고 말씀드릴 수 있습니다. 인생은 시간의 연속인 동시에 시간의 종착점을 향한 마라톤이라 할 수 있습니다. 사람은 시간을 소유할 수 없습니다. 그렇게 느낄 뿐입니다. 시간에 대해 올바른 생각을 할 때 사람들은 종신보험에 가입합니다.

가족에 대한 채무청산 화법

○○님은 가족에게 수천만 원의 빚을 지고 있습니다. ○○님은 혼자서 가족을 위한 생활자금, 자녀의 교육 및 결혼자금, 노후생활자금 등의 무거운 짐을 짊어지고 있습니다. 이것은 가족에게 사실상 수억 원의 빚을 지고 있는 것 아닐까요? 종신보험은 ○○님의 무거운 빚을 덜어줍니다. 제가 권유한 이 보험에 가입하면 ○○님이 가족에게 진 빚을 ○○회사가 대신 져주는 겁니다.

확실 화법

○○님께서 다니는 회사가 매월 급여에서 ○○만 원씩 공제하면서 만약 ○○님에게 무슨 일이 발생할 경우에 ○○님 가족의 생활을 일체 책임 져 주고, 그런 일이 발생하지 않는다면 특정한 시점에 약정한 보험금 전부를 돌려준다는 것이 100%로 확실하다면… ○○님께서는 그 계약을 하시겠습니까?

가족사랑 실천 화법

애정은 돈으로 살 수는 없지만 돈에 애정을 담아서 줄 수는 있습니다. 한 장의 보험증권으로 어떠한 원인으로 사망하든 간에 현실적으로 도움이 되는 금액을 평생 동안 보장받을 수 있는 종신보험은 가족사랑의 실천이요, ○○님의 자존심을 지켜주는 보험이라고 할 수 있습니다.

최선의 자산관리 방법 화법

가정경제는 수입과 지출의 함수관계인데 이 관계가 플러스(+)가 되면 생활이 안정되지만, 마이너스(-)가 되면 가정경제는 분명히 불안정해집니다. 보장성보험은 지출의 급격한 증가에 대비하여 수입을 높이는 보장수단으로, 자산 증가에 따른 지속적 수입은 아닙니다. 노후에 지출은 어느 정도 감소하여 경제적으로 부담은 줄지만 퇴직 등으로 수입은 제로(0)가 되어 자산에 의한 소득에 의존해야 합니다. 결국 연금도 지속적인 자산소득으로 간주해야 합니다.

종신보험은 지출은 고정인데 수입이 제로 또는 수입의 급격한 감소로 나타나는 경제적 수지 불균형을 자산을 증대시켜 자산소득으로 수입을 대체하거나 자산대체로 인생에 필요한 자금(가족의 생활비, 처의 노후생활비, 자녀의 교육자금 및 결혼자금, 주택자금, 긴급예비자금)을 준비하는 보험입니다. 그래서 종신보험을 보장자산이라고 합니다. 종신보험은 가정의 수입이 제로인 상황에서도 해결할 수 있게 수입을 늘리는 방법이 아닌 자산을 키워서 자산소득으로 지출을 감당하기 위한 최선의 자산관리방법입니다.

재정적 가치 화법

○○님께서 만약에 일터(회사)에서 돌아가셨다고 가정한다면 사모님께서는 보상으로 얼마를 받으셔야 한다고 생각하십니까? 그만큼이 ○○님께서 느끼는 자신의 재정적 가치입니다. 다르게 말씀드리면 그만큼이 ○○님이 필요한 생활보장금액입니다. 종신보험은 ○○님 가정에 필요한 생활보장자금을 보장자산으로 확보해드립니다.

인생의 두 가지 화법

우리 생애에서 두 가지는 확실합니다. 장수하든지 아니면 일찍 사망하든지 하는 것입니다. 장수하면 자신이 돈이 필요하고 일찍 사망하면 가족이 돈이 필요하게 됩니다. 종신보험은 두 경우를 모두 해결해줄 겁니다. 종신보험은 사망 원인과 관계없이 보장해줍니다.

가장의 빈자리 충족 화법

가장들은 대부분 가족을 사랑하는 마음이 하늘보다 넓고 바다보다 깊다고 합니다. 그런데 그 사랑을 실천하는 방법은 잘 알지 못합니다. 가장의 가족을 위한 진정한 사랑은 가장이 없을 경우 가족이 꿈과 희망을 버리지 않고 꿋꿋이 살아갈 수 있도록 가장의 빈자리를 살아생전에 항상 채워놓는 겁니다.

가정의 돈줄 화법

지붕에 구멍이 났다고 생각해보세요. 물이 새겠죠? 이와 같이 가장에게 무슨 일이 생긴다면 가정의 돈줄이 줄줄 샐 겁니다. 그렇게 되면 가족의 웃음은 사라지고 자식과 아내의 장래는 불안에 휩싸일 겁니다.

최소한의 안전장치 마련 화법

○○님께서 만약 내일 사망하신다면 가족은 ○○님은 물론 필요한 모든 것을 일시에 빼앗기게 됩니다. 그러나 보험이 있다면 남은 가족이 살 최소한의 것을 지켜줍니다. 가족이 어떻게 되기를 원하십니까?

더 큰 보장

자동차를 사면 책임보험에 의무적으로 가입해야 하듯이 인생에서 보험은 가족의 미래생활을 보장할 자산입니다. 열심히 일하면서 저축과 병행해 종신보험에 가입하면 매우 크고 안전한 보장자산을 준비할 수 있습니다.

상속세 재원활용 화법

종신보험의 가장 큰 매력은 가족의 생계를 책임지는 가장에게 불행한 일이 닥치더라도 남은 가족만큼은 일정 수준의 생활을 보장한다는 겁니다. 또 보장 금액이 크기 때문에 보험금이 자녀에게 상속세 재원으로 활용될 수 있다는 이점도 있습니다.

가장의 책임 화법

종신보험은 만약의 경우 어느 누구의 도움도 받지 않고 오직 ○○님께서 준비하신 이 보장자산으로 사모님의 생활비와 자녀가 꿈을 접지 않고 밝고 건강하게 살아갈 필요자금을 마련해줍니다. 즉 ○○님께서 사후에도 가족에게 든든한 남편으로서, 아빠로서의 책임을 다하실 수 있습니다.

재정적 고통 경감 화법

은행에 가서 묻습니다. "매월 ○○만 원을 맡기겠습니다. 하지만 불의의 사고가 발생할 경우에 ○억 원을 제게 줄 수 있습니까?" 그러면 100% 'NO'라고 할 겁니다. 그렇죠? 친척에게 똑같은 질문을 합니다. 대답은 역시 위와 같습니다. 하지만 종신보험은 다릅니다. 종신보험은 불가항력적인 위험으로 생긴 재정적 고통을 털어낼 수 있습니다. 가족의 빈자리는 있을지언정 가정이 불행해지지는 않도록 해줍니다.

증여 화법

아예 시작할 때 계약자와 수익자를 자녀 이름으로 하여 한 달에 12만 5,000원씩 가입하세요. 그러면 ○○님이 내는 보험료는 세금 한 푼 안 내고 자녀에게 증여할 수 있습니다. 물론 도중에 불행한 일이라도 닥치면 보험혜택은 그대로 살아 있고요.

종합보장 화법

불필요하고 중복되는 보장에 이중의 보험료를 낼 필요는 없습니다. 지금의 보험료에서 조금만 더 투자하면 더 많은 보장을 받을 수 있습니다. 종신보험은 사망확률이 가장 큰 질병으로 사망하면 자녀에게 상속자금을 남겨줄 수 있고 장애를 입었을 경우에도 급여금이 지급됩니다. 또 노후까지 건강할 경우에는 노후생활자금으로 사용할 수 있도록 연금으로 수령 가능한 종합보장보험입니다.

구명조끼 화법

어떤 가족이 뱃놀이를 하려고 보트를 한 척 빌렸습니다. 그러자 보트 주인은 구명조끼도 함께 빌려가라고 했습니다. 보트 빌리는 값에 비하면 구명조끼 빌리는 값은 푼돈이었지만 그래도 아깝다는 생각에 이 가족은 그냥 보트만 빌렸습니다. 바다 한가운데서 재미있게 놀다가 갑자기 파도가 보트를 덮치는 바람에 배는 뒤집어지고 아빠는 물에 빠지고 말았습니다.

온 가족이 헤엄쳐서 육지로 돌아오려고 필사의 노력을 했지만 너무 힘들었습니다. 조금만 있으면 구조선이 올 텐데… 어떻게 해서라도 조금 더 버텨야 하는데… 이렇게 간절히 원했지만 점차 기진맥진해서 물에 빠지기 시작했습니다. 이때 구명조끼를 함께 빌리지 않은 게 얼마나 후회되었겠습니까? 종신보험이 바로 구명조끼입니다.

종신보험은 가정 행복 지킴이

사모님이 누구보다 고생이 많으셨다는 것을 아시죠? 사람은 건강할 때 준비해야 합니다. 건강하지 않으면 모든 걸 다 잃는 것과 마찬가지입니다. 사모님과 자녀들이 힘들게 살길 원하십니까? 아니죠? 종신보험에 가입하기 힘드시면 먼저 건강진단을 받아보시죠? 건강하시면 그때 다시 얘기해보고요. ○○님께서 종신보험에 가입하면 ○억 원이라는 보장자산이 이미 준비된 겁니다. 그리고 연금전환특약에 가입하셔서 나중에 종신보험을 연금으로 전환할 수도 있습니다. ○○님 본인과 사모님 그리고 자녀를 위해서 이보다 더 큰 선물은 없을 겁니다.

단체가입 화법

종신보험은 직장 근무 중 뿐만 아니라 일상생활에서 발생하는 모든 질병과 재해로 인한 사망 또는 재해장해 때 장해등급에 따른 보상, 중요 질환에 따른 진단금 지급 등 기업에서 무엇보다 중요한 재산인 임직원의 복지향상과 가족의 생활안정을 보장하는 21세기 종합 보장형보험입니다. 즉 합리적인 기업경영을 바탕으로 원만한 노사관계를 확립하여 기업의 끝없는 발전을 추구하기 위해 꼭 필요한 임직원 후생복지보험입니다.

꿈과 애정의 정표

이 ○○보험에 가입함으로써 만약의 사태로 인한 가족의 경제적 걱정은 조금도 하실 필요가 없습니다. 가족의 미래에 대한 불안감을 떨쳐버리고 편하고 즐겁게 생활하실 수 있습니다. 이 보험은 ○○님의 가족에 대한 애정의 정표와 같습니다. ○○님의 사려 깊고 애정 어린 결정에 가족은 평생 감사하는 마음으로 지낼 겁니다. 이 보험에 가입하시면 ○○님과 가족의 목표, 희망과 꿈꾸어왔던 모든 것을 성취할 수 있을 겁니다.

노후에는 노후생활자금

확률적으로 가장 많겠습니다만 장수하실 때는 만기 때 해약환급금을 일시불 또는 연금으로 찾아서 노후생활자금으로 쓸 수 있습니다. 물론 충분하지 않겠지만 퇴직금, 국민연금, 저축 등과 합해서 쓰면 도움이 될 겁니다. 그리고 굳이 이 정도의 자금이 노후생활자금으로 필요없다고 판단되면 그냥 예치해두면 됩니다. 예치해두면 이자는 계속 복리로 부리되고 보장도 평생토록 받으실 수 있습니다. 그렇게 되면 부인과 자녀에게 상속수단으로 유용하게 쓰실 수 있습니다.

연금전환 화법

이 ○○보험은 종신보험이지만 가입 후 ○년이 지난 시점부터는 언제라도 연금으로 전환하여 필요할 때 노후자금으로 운용할 수 있습니다. 물론 이때 연금전환은 주계약만 할 수도 있고, 전체를 한꺼번에 전환할 수도 있습니다. 그리고 연금전환 후에는 ○○세 이후부터 연금으로 수령하실 수 있습니다.

신용대출 화법

○○님! 신용대출 이자는 연 0.00%밖에 안 됩니다. 이런 조건에 대출받을 생각이 있으십니까? 2억 원을 빌려드리고 이자는 매월 35만 원씩 20년 동안만 받겠습니다. 이런 조건에 대출받으실 생각이 있으십니까? (제안하는 보험료 규모는 고객 라이프스케일에 따라 조절)

유니버설종신보험 화법

유니버설종신보험은 기본적으로 사망보장 이외에 긴급자금이 필요할 경우 보장기간에는 적립금을 매년 생활자금 형식으로 은행통장처럼 중도 인출하여 활용할 수 있고, 경제적 여유가 생길 경우 보험료를 추가 납입하여 보장자산 규모를 늘릴 수 있으며, 연금전환 기능도 있는 등 미래의 라이프스케일에 따라 가입한 후에도 목적자금 플랜이 가능하도록 설계된 다목적 금융상품입니다.

생로병사 해결 상품

유니버설종신보험은 인생의 네 가지 관심사인 생로병사를 모두 해결해줄 상품입니다. 첫째, 생존보험으로서 추가납입을 활용하여 교육, 결혼, 주택, 여행 자금으로 활용할 수 있고, 둘째, 연금전환 기능을 활용해 은퇴 후 인출 가능액 중 매월 또는 매년 인출하여 노후생활자금으로 활용할 수 있습니다. 셋째, 선택 특약을 활용하여 암 또는 특정질병 발생 때 진단, 입원, 수술비 등 치료비를 지원받을 수 있으며, 넷째, 가족을 위해 상속재원을 마련해줄 수 있습니다.

종신보험은 가장 현명한 재산상속 수단

○○님! 제가 문제 하나 낼 테니 맞혀보실래요?

"홍길동 씨는 얼마 전 돌아가신 아버님에게서 100억 원에 달하는 부동산을 상속받게 되었다. 그런데 상속받은 재산이 자기 앞으로 명의 이전되는 기쁨도 잠시, 세무사에게 자문 결과 납입해야 하는 상속세가 엄청나 무척 당황했다. 더구나 상속재산이 여러 군데 흩어져 있는 토지와 건물이라서 급히 팔 수도 없었다. 홍길동 씨는 이 문제를 어떻게 해결할지 묘책이 서지 않아 고민이다. 그렇다고 고민만 할 수도 없다. 세법상 상속개시일부터 6개월 이내에 상속세를 납부해야 하기 때문이다."

이런 난처한 상황이라면 어떻게 하는 것이 가장 현명할까요? 상속세는 사망 후 6개월 이내에 현금으로 납부해야 하므로 남은 가족은 상속세 부담을 안게 됩니다. 따라서 현재 보유한 금융자산이 많다면 그것으로 해결하는 방법이 상책이지만 보유한 현금성 자산이 상속받은 재산(부동산)으로 인해 발생하는 상속과세액보다 현저히 부족할 경우에는 막막할 것입니다. 그렇죠?

부모에게 상속받은 재산이 부동산이고 자신이 현재 보유한 금융자산이 거의 없을 경우 상속세를 해결하는 방법은 크게 네 가지입니다. ① 상속세를 부동산으로 물납(物納)하는 방법, ② 부동산을 처분해 현금으로 납부하는 방법, ③ 부동산을 급매로 처분하는 방법, ④ 상속인들이 연대해 납부하는 방법 등입니다.

그런데 ① 물납할 경우에는 시가가 아닌 기준시가로 평가하기 때문에 기본적으로 저평가되어 손해가 클 수 있고, ② 부동산을 처분해 세금을 납부하려 해도 상속 부동산 중 세액에 맞는 적합한 부동산을 찾아 상쇄하기 쉽지 않을 수 있으며, ③ 급매로 처분하면 자칫 제값을 받지 못해 손해를 볼 우려가 있고, ④ 부동산을 상속받은 후 상속인들이 연대해 상속세를 납부할 경우에는 일부 상속인이 세금을 납부할 형편이 되지 못하거나 다른 사유로 의기투합하지 않을 때에는 자칫 불협화음이 발생할 소지가 있습니다.

그리고 상속받은 부동산을 상속개시일부터 6개월 이내에 처분할 때 상속세 과세표준이 30억 원 이상인 경우 상속세율은 최고 세율인 50%를 적용받아 그 처분액이 상속재산 평가액으로 산입돼 누진공제액을 받아도 상속세를 당초 과세액보다 더 많이 내야 하는 최악의 상황까지 직면할 수 있습니다. 또 상속세 신고기간인 상속개시일부터 6개월 이내에(증여세는 증여일부터 3개월 이내) 납부하지 않으면 납부할 세액의 10%를 납부재산세로 하여 추가 징수당하게 됩니다.

이럴 경우를 대비해서 유동성 자산을 확보하는 가장 손쉬운 방법이 있는데 바로 종신보험 가입입니다. 종신보험을 통해 상속세 납부 재원을 미리 확보한다면 부동산 상속으로 인한 세금문제를 해결할 수 있습니다. 또 자녀는 부모님이 물려준 소중한 자산을 지킬 수 있다는 안도감과 더불어 부모의 자녀사랑 깊이를 또다시 느끼면서 감사의 마음을 한없이 표할 것입니다.

따라서 ○○님처럼 상가, 아파트, 토지 등을 많이 소유한 자산가는 앞에서 예시한 상황을 늘 염두에 두면서 종신보험에 가입하여 상속세 문제를 사전에 깔끔하게 해결해 사후에도 자식에게 실질적인 도우미가 되어야 합니다. 이 방법이 가족사랑의 표상인 종신보험으로 상속세 문제를 일거에 해결하고 아울러 상속받은 재산을 온전히 지키면서 대대로 부를 이어나갈 최선책입니다. 종신보험은 상속세 절세효과가 있는 것은 물론 더불어 소중한 재산을 지켜주는 재테크 도우미입니다.

변액보험 니즈환기화법
Action Planning

Selling Point　재테크 시대에 장기목적 자금을 마련하기 위한 방점은 변액보험에 두는 것이 가장 효율적인 가계자산운용 방법임을 정확한 재무분석과 재테크 방법을 제시하여 공감하게 한다. 펀드와 간접투자상품을 설명하면서 직접투자와 간접투자의 차이점을 알려준다. 그리고 왜 간접투자를 해야 하는지를 확실하게 제시한다.

단, 펀드변동성이 심할 경우 실질수익률 제고에 걸림돌로 작용할 수 있고 납입기간이 장기이면 위험보험료 규모의 증가로 수익률이 작아질 수 있음을 알려 완전판매에 하자가 없게 한다.

재치화법 Action Planning

■ 변액보험은 계약자가 납입한 보험료의 일부로 펀드를 조성하고 그 펀드의 투자실적에 따라 보험금과 해약환급금이 변동하는 실적배당

형 간접투자상품입니다.

- 변액보험은 보험의 기본 기능인 보장과 펀드의 투자기능을 구분해 'Buy Term, Invest Mutual Fund'의 개념을 도입한 퓨전형 종합금융 상품입니다.

- 장기재테크로 목적자금을 마련하려면 이 ○○변액보험상품보다 미래가치를 드높일 금융상품은 없습니다.

- 변액보험은 가입자는 종신보험처럼 보장도 받고 자신이 선택한 펀드 포트폴리오에 따라 투자수익도 거두어들일 일석이조의 금융상품입니다.

- 이 ○○보험은 고객의 납입보험료가 주식과 채권 등에 투자한 투자 실적에 따라 변동하는 변액보험상품입니다.

- 변액보험은 특별계정이 주로 주식 등 장기적인 오름세를 겨냥해 운용되기 때문에 장기적 자산가치 증대에 매우 적합한 장기재테크 상품입니다.

- 변액유니버설보험은 펀드로 운용되면서 은행의 기능까지 두루 갖춤으로써 보장과 저축, 투자 기능을 모두 아우른 최고의 하이브리드(Hybrid)형 다목적 금융상품입니다

- 변액연금보험은 보험회사의 전통형 연금보험의 장점에 고수익성이라는 재테크 기능이 하나 더 추가된 저축과 투자, 보장, 연금기능을 두루 갖춘 장기재테크 상품입니다.

- 변액연금보험은 실적배당형 상품이긴 하지만 보험의 특성상 원금이 최저보장(주계약 납입보험료)되는 안전장치도 있습니다.

- 변액연금보험은 최저사망보험금 보장과 최저연금적립금 보장을 통

해 설령 수익률이 악화될지라도 계약자를 실질적으로 보호할 시스템이 마련되어 있습니다.

설득화법 Action Planning

보장자산 증가 화법

신탁상품이나 뮤추얼펀드에서 투자수익이 발생하면 ○○님의 자산이 증가하는 것처럼 이 ○○상품도 투자수익이 발생하면 사망보험금과 만기보험금이 증가하여 보장자산의 크기가 자연적으로 증가합니다.

자산가치 하락 방지 화법

일반적인 보험은 계약할 때 정해진 금액을 지급하기 때문에 시간이 지나 물가가 오르면 현재 생각한 것보다 가치가 많이 떨어집니다. 즉 장기간 불입하면 인플레이션에 약하다고도 할 수 있습니다. 그것 때문에 보험에 가입하지 않는 분도 많이 계셨습니다. 그러나 변액보험은 보험금의 가치 하락 위험성을 방지할 수 있습니다.

미래가치 하락 헤지 화법

변액종신보험의 가장 큰 장점은 인플레이션을 헤지하여 보험금의 미래가치를 드높일 수 있다는 점입니다. 몇십 년 뒤 인플레이션으로 인한 돈, 즉 생명보험의 미래가치 하락 가능성이라는 걱정을 사전에 덜 수 있다는 것이죠.

적립식펀드와 차별성 강조

변액보험이 언뜻 보기에는 펀드와 비슷한 것 같지만 다른 점이 많습니다. 일단 변액보험은 보험회사의 특별계정에서 자산이 운용되지만 펀드는 은행이나 증권사의 신탁계정에서 운용됩니다. 변액보험은 장기수익성을 추구하는 데 반해 펀드는 단기수익성을 추구하는 점이 다릅니다. 또 펀드별 만기가 변액보험은 없으나 투자신탁은 있으며, 변액보험은 기본 보험금을 지급하지만 펀드는 전혀 없습니다.

안정적 투자적합 화법

변액보험은 계약자가 납입한 보험료의 일부로 펀드를 조성하고 그 펀드의 투자실적에 따라 보험금과 해약환급금이 변동하는 보험입니다. 물론 수익성에 따르는 리스크도 감안해야 합니다만, 더 안정적인 투자처를 찾는 분께는 적합한 상품입니다

레버리지효과 화법

변액보험은 은퇴했을 때 매월 일정 금액의 생활비를 세금 없이 받다가 사망한 이후에는 잔여금액과 보험금까지 배우자나 자녀에게 지급되며, 레버리지(leverage)효과에 따른 상속세 재원으로 사용할 수도 있어 인기가 높은 상품입니다.

포트폴리오 화법

일반적인 정액보험상품은 시간이 경과할수록 인플레이션과 물가상승 등으로 보장가치가 떨어집니다. 특히 고물가 시대이면 상품의 실질가치

가 더욱 빨리 떨어져서 보장상품으로서의 존재 의미를 상실할 수도 있습니다. 변액보험은 미래가치 하락을 방지하고 보험 본래의 보장 기능을 수행할 수 있는 포트폴리오 보험이라고 할 수 있습니다.

한 살이라도 더 젊었을 때 가입해야

상령월(霜齡月)이라는 말 들어보셨는지요? 이는 보험수리에서 주로 사용하는 전문용어인데 상령월은 보험에 가입할 때 적용되는 나이가 바뀌는 달을 말합니다. 보험연령 계산에서 나이가 한 살 올라가는 달입니다. 즉 주민등록부에 기재된 호적생일부터 6개월이 경과한 날을 일컫습니다. 간혹 이렇게 말하는 사람이 있습니다. "나이 한 살 차! 그까짓 거 보험료 차이가 얼마나 나려고? 나중에 조금 더 여유 있을 때 가입하지 뭐…." 만약 이렇게 생각한다면 10년 이상 세월이 흘러 연금을 수령할 때 후회 막급하게 됩니다. 한 살 먼저 가입하는 것과 늦게 가입하는 것은 재테크 목적으로 가입하는 변액보험의 투자수익률 측면에서는 차이가 매우 큽니다(예시하여 설명한다).

새 옷 구매 화법

아이 옷을 사러 갈 때마다 하는 고민이 있습니다. "이 녀석이 부쩍 커 지금 산 옷이 내년에 안 맞으면 어쩌나" 하는 고민 말입니다. 조금밖에 입지 못하면 아깝잖아요. 옷은 동생에게 물려주거나 새로 사도 되지만 ○○님의 보험은 물려주거나 새로 살 수 없습니다. 정액보험과 변액보험이 바로 이런 차이입니다.

두 마리 토끼 화법

○○님, 이 보험상품은 보장은 보장대로 받으면서 금리가 올라가면 올라가는 만큼 보장금액이 증가하고, 금리가 하락하면 최저보증이율이 있어 무슨 일이 있더라도 최초 약정한 보험금은 지급하는 최상의 상품입니다.

보험금 증액 화법

변액보험은 저금리와 물가상승의 걱정을 덜어주는 합리적인 보험입니다. 투자수익에 따라 보험금이 증가하는 선진상품입니다. ○○님이 보험금 1억 원을 선택하실 경우 전통형 종신보험은 1억 원으로 끝나지만 변액종신보험은 1억 원이 시작입니다. 수익이 점점 불어나게 됩니다.

FC책임 화법

저는 ○○님께 이 상품이 아니라 다른 보험을 권유할 수도 있습니다. 상대적으로 위험을 느끼지 않는 상품으로 말입니다. 하지만 물가는 오르고 돈 값어치는 떨어지고 저금리가 계속되어 이자는 거의 없는 상황이 지속된다면…. 그렇게 되어 ○○님의 자산가치가 하락하는 것을 넋을 놓고 바라봐야 한다면 다른 상품을 권유한 저는 죄책감에 시달려야 할 겁니다. 진정으로 좋은 상품이 어떤 것인지 아는 저로서는 다른 것보다 먼저 이 상품을 권유할 수밖에 없습니다.

코드설계 화법

은행에는 자유롭게 입금하고 중도에 필요하면 찾아 쓸 수 있는 저축상품이 많이 있습니다. 그렇기 때문에 여유 있을 때는 저축을 많이 하고 사정이 여의치 않을 때는 지연하거나 적은 금액을 입금할 수도 있어 그런 상품을 이용할 경우에는 매우 편리할 겁니다. 또 형편이 안 좋아 해약할 때도 손해가 그리 나지 않으니 좋으실 겁니다. 보험상품에는 그러한 기능이 없어 안타깝다고 아쉽게 생각하는 분이 많았습니다.

그런데 ○○님! 이번에 저희 ○○회사에서는 그런 고객들을 위해 새로운 상품을 개발했습니다. 고객이 원하면 언제든지 납입과 인출이 가능하도록 설계한 ○○변액보험상품이 바로 그겁니다.

일반 종신보험과의 차이 설명

변액종신보험은 보험금이 증가하므로 물가상승에 따른 사망보험금의 가치 하락을 막을 수 있습니다. 일반 종신보험에 가입하면 시간이 갈수록 보장가치가 하락하고 고물가 때는 상품가치가 더욱 빨리 하락하며 생명보험을 통해 전달하려 했던 가족사랑이 실현되지 못할 수 있습니다. 하지만 변액종신보험은 생명보험의 가치 하락을 막을 수 있습니다.

최고의 장기투자 상품

○○님이 자금을 단기간 운용하려 할 경우에는 당연히 금융상품과 주식을 선호할 것이며 목돈이 많을 경우에는 부동산을 선호할 것입니다. 그렇죠? 그러나 장기간 매월 정액투자하여 목적자금을 마련해야 할 경우에는 이런 투자 방법은 적합하지 않습니다. 이때에는 보장기능은 물론 은행기능과 주식기능이 접목되어 안정성, 수익성, 환금성뿐만 아니라 노테크기능까지 두루 갖춘 장기투자상품인 변액유니버설보험을 선택하는 것이 가장 바람직한 재테크 방법입니다.

펀드보다 변액보험이 더 좋은 이유

변액보험이 적립식펀드보다 장기투자 상품으로 적합한 이유는 바로 펀드수수료의 후취적용에 있습니다. 사업비는 원금, 즉 매월 불입하는 보험료에 대해 정액선취를 적용합니다. 그러나 변액보험상품의 펀드수수료와 적립식 펀드수수료는 평잔을 기준으로 부정액 후취부과 방식을 적용하기 때문입니다. 즉 원금이 아닌 적립금액을 기준으로 하여 연간 적용 부과 규모를 일할 계산한 다음 매일 공제하기 때문에 펀드평가금액인 적립금액이 늘어날수록 공제되는 펀드수수료 규모도 점점 더 커지는 겁니다.

변액보험은 비과세 혜택도 있습니다. 이러한 이유로 독립변수와 종속변수를 모두 제외하고 단순히 동일한 수익률이 발생할 경우 가입 후 약 12년 이상 경과하면 적립식펀드보다 변액보험의 투자수익률이 더 높아지는 역전 터닝포인트가 형성됩니다. 10년 이상 장기투자하려면 반드시 변액보험에 가입하셔야 재테크 파이를 더 키울 수 있습니다.

투자리스크를 상쇄하는 유일한 펀드

금융기관의 실적배당형 상품은 대부분 주식편입비율이 높고 또 거의 단일펀드로 구성되어 있어서 투자수익률이 급격히 하락할 경우에는 해약(환매)을 제외하고는 투자손실을 회피할 방법이 없습니다. 그러나 변액보험에는 언제든 펀드변경을 통해 수익률 제고와 투자 리스크를 헤지할 수 있는 매우 좋은 기능이 있습니다.

자금 안전보안 화법

변액보험은 세원 노출이 방지되는 오직 ○○님만을 위한 상품이라 할 수 있습니다. 10년 후 적립금액이 아무리 많이 발생한다 하더라도 금융소득종합과세 대상에서 제외됨은 물론 세원 또한 노출되지 않기 때문입니다. 이렇게 확실히 개인금고 역할을 수행하는 보디가드형 보안상품은 이 변액보험 말고는 없습니다.

평생 비과세적용 상품

일반적인 비과세 상품의 경우 만기가 지나면 비과세되지 않습니다. 만기 이후 연장하더라도 비과세혜택은 없습니다. 만기가 되면 다른 세금우대상품이나 비과세상품을 찾아서 가입해야 하는 번거로움은 물론 기간 수익이 발생하지 않게 됩니다. 기회비용을 감안할 때 자금을 계속적으로 묶어놓는 불합리한 결과만 초래합니다. 또 복리혜택을 못 받게 되지요. 그러니 평생 비과세 혜택을 받을 상품에 가입하셔야 합니다. 이 변액유니버설보험이 그런 상품입니다.

일석삼조 화법

변액보험은 10년 이상 유지할 경우 보험차익에 대해서 완전 비과세 혜택이 주어지는 세테크 상품입니다. 그리고 보장성보험료에 대해서는 연간 100만 원 한도 내에서 납입보험료의 13.2%에 해당하는 금액을 세액공제받을 수 있습니다. 또 저희 ○○회사에서는 전문 펀드매니저들이 특별계정을 통해 아주 세밀한 부분까지 챙기면서 고객의 재산을 확실하게 관리해드리고 있습니다.

한 통장으로 모든 것 해결

지금 개설한 지 10년 넘는 은행통장을 몇 개나 갖고 계십니까? 대부분의 사람들이 한두 개씩은 갖고 있을 겁니다. 그런데 이런 통장들의 공통점이 무엇인지 아시나요? 매월 일정액을 꼬박꼬박 내야 하는 부담이 없다는 것이고 중도인출이 자유롭다는 점일 겁니다. 하지만 이러한 통장들은 이자가 거의 붙지 않고 또한 비과세혜택이 하나도 없다는 큰 단점이 있습니다. 재테크 시대에는 빵점이지요. 그래도 그냥 놔두는 것은 적립금액을 계속 묶어놓아도 해지되지 않으니까 그럴 겁니다. 그런데 이런 것을 모두 해결해주는 상품이 있다면 당연히 가입하는 것이 여러모로 이익일 겁니다. 그런 상품이 바로 제가 권해드리는 이 상품입니다.

약관대출이용 화법

○○님! 이 ○○변액보험상품은 ○○님께서 긴급자금이 필요할 경우 약관대출제도를 활용하여 적은 이자비용으로 필요자금을 손쉽게 마련하실수 있어 매우 편리합니다. 이 ○○변액보험상품에 가입하면 ○○님께서약관대출을 받을 경우 표면적으로는 0%의 이자를 부담하는 것으로 되지만 실제로는 그렇지 않습니다. 즉 저희 ○○회사에서는 수수료 0%를 제외한 나머지 0%의 금액을 ○○님의 본인 펀드(계정)에 다시 넣어드립니다. 따라서 ○○님께서는 실제로는 0%의 이자비용만 부담하시고 약관대출을 받는 셈이죠. ○○님! 얼마나 이자가 저렴합니까?

노후자금마련 절대원칙 화법

노후를 행복하게 보내기 위해 준비하는 노후생활자금은 기본적으로 지켜야 할 7가지 절대원칙이 있습니다.

첫째, 반드시 평생 월급형식으로 나와야 한다. 둘째, 비밀이 보장되어야 한다. 셋째, 종신보장이 되어야 한다. 넷째, 매월 일정금액이 지불되어야 한다. 다섯째, 아플 경우에도 보장혜택이 주어져야 한다. 여섯째, 목돈을 직접 관리하지 말고 안전한 금융기관에 예치해야 한다. 일곱째, 물가상승률을 커버해 연금의 미래가치가 높아지도록 만들어야 한다.

이 7가지를 모두 충족해야만 지급받는 연금액으로 노후를 행복하게 보낼 수 있습니다. 7가지 절대원칙에 가장 부합하는 연금상품에 가입해야 연금 노테크가 완성되는데 그 상품이 바로 변액연금보험입니다.

최저연금적립금보장제도 화법

변액연금보험에 가입하면 나중에 연금전환 시점에서 기납입보험료 중 주계약부분에 해당하는 금액 전부를 보전하는 최저연금적립금보장제도 (GMAB)가 있으므로 투자수익률 하락에 따른 리스크를 얼마든지 커버할 수 있습니다.

투자실적이 아무리 나빠져도 가입자가 낸 보험료를 노후생활자금의 안전을 보장하기 위해 보전한다는 것은 매우 큰 장점입니다. 즉 보장은 보장대로 모두 다 받고 10년 이후에 설령 투자수익률이 나빠진다 해도 원금은 모두 돌려받을 수 있으므로 연금노테크 상품으로 손색없다고 할 수 있습니다.

최고의 노테크 상품

저금리 장수시대. 단순히 정액보험만 가지고는 재테크와 노테크, 생활보장테크가 모두 이루어지는 보험재테크를 실현할 수 없습니다. 시드머니의 미래가치가 점점 더 커지는 변액보험에 가입해야 더 튼실한 결실을 거둘 수 있습니다. 그 이유는 정액보험상품의 자산은 채권과 MMF, 대출 등의 직접투자로 이루어지므로 이들 상품의 보험사 자산운용실적은 평균적으로 은행정기 예금금리를 조금 상회하는 수준에서 맴돕니다.

이에 반해 변액보험은 주식과 파생상품, 실물자산 등에 펀드를 통해 간접투자 형태로 매우 다양하게 투자하므로 적정 기대수익(anticipate benefits)이 시장수익률을 상회하는 형태로 시현됩니다. 보험은 보장자산을 목적으로 가입하든 연금자산을 목적으로 가입하든 모두 장기상품이므로 채권과 대출로 자산을 장기간 운용해서는 시장금리를 상회하는 수익을 올리기 힘듭니다.

우리나라의 경제 펀더멘털(fundamental)을 고려할 때 펀드를 통한 10년 이상의 장기투자는 정액보험보다 더 높은 수익을 가져다줄 상품이므로 보장자산과 연금자산을 조금이라도 더 증가시키기 위해서는 장기상품인 변액연금보험상품에 가입하는 것이 바람직한 보험재테크와 노테크 전략이라고 할 수 있습니다.

연금실질기능 화법

○○님! 안정성과 수익성을 동시에 확보하여 높은 수익률을 통한 실질적인 생존연금지급이 가능합니다. 이 ○○변액연금보험은 주식과 채권 등에 집중적으로 투자하여 수익성을 확보하고 또한 장기적으로 투자하여 안정성을 확보해 인플레이션을 헤지할 수익률을 드림으로써 실질적인 생존연금 지급이 가능합니다.

최고 세테크, 재테크 상품

연금에 가입하는 분들이 바라는 두 가지는 재테크와 세테크입니다. 즉 향후 연금을 통해 얻을 수 있는 높은 수익성과 지급받는 연금에 부과되는 세금의 최저화를 원하는 것이죠. ○○님! 안 그렇습니까? 이런 두 가지 기능을 모두 갖춘 금융상품을 만나기는 결코 쉽지 않습니다. 그러나 ○○님! 제가 권해드리는 이 변액연금보험은 ○○님께서 원하는 높은 수익과 낮은 세금을 동시에 해결할 수 있는 최고의 세테크, 재테크 상품입니다.

팔방미인 화법

○○님! 개인연금보험은 일반적으로 ① 누구나 가입하고 싶으면 할 수 있어 가입에 제한이 없고, ② 재원이 투명하게 노출되는 종합소득시대에 비과세 혜택이 주어지며, ③ 수명이 점점 더 길어지는 장수시대에 노후를 경제적 고통 없이 살게 해주고, ④ 가입한 연금보험 하나로 가정의 라이프 스테이지에 맞춰 자녀의 양육과 교육, 주택마련, 안정된 노후생활까지 모두 해결할 수 있으며, ⑤ 연금을 수령하다가 사고를 당했을 경우에는 남은 연금액을 가족에게 유산으로 물려줄 수 있는 등 혜택과 장점이 매우 많습니다. 그런데 이 ○○변액연금보험은 덧붙여 ⑥ 다른 연금보험 상품에서는 실적배당을 통해 더 높은 수익을 가져다줄 수 있습니다. ○○님, 이렇게 모든 것을 해결해주는 팔방미인형 상품을 본 적 있습니까? 이 변액연금보험이 그런 상품입니다.

통합보험 니즈환기화법
Action Planning

전문가 시대에 고객은 보험도 전문컨설턴트가 가정과 자신의 모든 보험을 통합적으로 관리해주기를 요구하는 추세다. 통합보험은 모든 리스크에 헤지가 가능하도록 설계된 전천후 퓨전형 보험이므로 이런 장점을 집중 부각하는 화법전개 기술이 필요하다.

재치화법 Action Planning

- 상해, 질병, 화재, 재물, 배상책임, 보험은 물론 자동차보험까지 하나의 보험증권으로 통합 관리해주는 만능보험입니다.
- 통합보험은 하나의 상품으로 일생관리, 통합관리, 세대관리를 모두 해주는 가정 종합관리보장플랜입니다.
- 생명보험의 정액보상과 실손보상이 같이 조합되어 있어 신체적 위험과 생활위험을 동시에 만족시켜주는 전천후 다보장 보험상품입니다.

- 보험계약기간에 결혼, 출산, 주택·자동차구입 등 생활 변화에 따라 보장내용을 추가하거나 변경할 수 있어 매우 편리합니다.
- 통합보험에 가입하면 정기적으로 ○○님 가정의 재무분석을 실시한 다음 보험포트폴리오 리밸런싱으로 중복보장을 배제하면서 최적의 보장플랜이 이루어지게 제안합니다.
- 이 ○○보험 하나로 가족 모두의 신체, 재산, 자동차, 배상책임 등 모든 위험요소를 체계적·종합적으로 관리해드리는 만능 보험입니다.
- 결혼, 출산, 주택 구입, 가족의 소득 변화에 따른 보장금액의 증액 등 일생 동안 라이프사이클에 맞춰 합리적으로 보장 내용의 변경 설계가 가능하도록 만든 컨버전시보험입니다.

설득화법 Action Planning

생명보험과 손해보험을 모두 담은 전천후 패키지보험

고객 중에는 보험상품이 너무 겹쳐 있다보니 헷갈리고 비용도 많이 들어간다고 하소연하는 분이 많습니다. 종신보험, 질병보험, 상해보험이나 배상책임보험, 화재보험, 자동차보험은 물론 어린이보험도 가입해야 하는데 이런 보험에 다 가입하려면 기둥뿌리 뽑아야 하는 것 아니냐고 농담 조로 푸념하기도 합니다. 또 일상생활이 바쁜데 생명보험과 손해보험상품을 취급하는 곳이 달라 통장과 자금관리에 애로사항이 있다는 분도 계시고요. 그래서 패키지로 가입하기를 원하시는데 바로 이 보험이 안성맞춤이라고 할 수 있습니다.

다원화 시대, 하나만 신경 쓰자

어느 조사에 따르면 앞으로 보험소비자들이 가입하기를 가장 많이 원하는 보험은 모든 보험상품을 아우르는 패키지프로그램이라고 합니다. 어느 한군데에서 보험을 통합적으로 가입해주고 사후관리도 철저히 해주는 것을 원하는 것이지요. 고객의 마음을 충분히 헤아리는 안성맞춤 보험이 바로 통합보험입니다.

패키지 상품 화법

과일을 한 바구니에 담아 보관하듯, 큰 냉장고에 과일, 김치, 생선, 채소를 모두 담아 안전하게 보관하듯 보험도 하나의 상품으로 온 가족이 편히 지낼 수 있게 질병, 사고 등 신체상의 위험과 자동차 사고, 배상책임, 손해비용 등 생활상의 위험을 모두 보장하는 패키지 보험상품입니다.

합리적 보장설계 화법

이 보험상품은 종신보험의 사망금액, 건강보험의 의료비 실손보상, 암, 3대 질병 등 특정질병 치료비를 모두 보상하고 운전자보험, 화재보험, 자동차보험 등이 통합되어 말 그대로 하나의 상품으로 ① 일생관리, ② 통합관리, ③ 세대관리 등 체계적인 위험관리가 모두 이루어지므로 합리적인 보장 설계가 가능한 다목적보험입니다.

다목적용 상품

이 보험의 장점은 상해, 질병 등 신체위험과 화재, 자동차, 재물(재산), 배상책임, 비용손해 발생 등에 따른 생활위험 등 사람에게 발생하는 모든 위험을 하나의 상품으로 완벽히 보장받는 다목적용 상품이란 점입니다. 무려 50여 개 이상의 담보를 하나로 통합해 보험계약 관리를 해준다는 것은 매우 큰 매력이죠.

재테크충족 화법

통합보험은 복층형 설계가 가능하기 때문에 보험계약기간 중 가족의 소득 변화, 결혼, 출산, 주택, 자동차 구입 등 생활의 변화에 따라 보장금액의 증액·감액 등 보장내용을 추가하거나 변경할 수 있어 매우 경제적인 재테크 보험상품이라고 할 수 있습니다.

일원화관리 화법

모든 위험에 대한 보장을 통합한 상품이기 때문에 온 가족이 하나의 상품에 가입할 수 있어 ① 1증권, ② 1청약서, ③ 1약관으로 체계적인 위험관리가 가능합니다. 당연히 보험료 납입은 일원화되며 계약관리와 보상서비스도 통합 제공됩니다.

안성맞춤 화법

종신, 암, 건강, 상해, 운전자, 화재, 배상책임, 자동차, 화재보험 등 여러 가지 보험을 따로따로 가입하기 성가신 고객에게는 안성맞춤의 보험입니다. 특히 가족 구성원별로 각각의 보험상품에 가입해야 하므로 보험료 부담 등 합리적인 보장설계가 어려운 가정에게는 가장 적합한 보험입니다.

온 가족 모두 보장 화법

일생 동안 온 가족의 모든 위험을 보장해주는 다목적용 컨버전스 보험 상품입니다. 일생 동안 발생하는 라이프사이클의 이벤트에 따라 개별적으로 가입하지 않고 합리적인 보험료로 최적의 상품설계를 할 수 있게 한 보험상품이지요.

맞춤식 보험 화법

상해, 질병 등 신체적인 위험과 자동차, 재물, 배상책임, 비용손해 발생 등에 따른 생활위험 등 사람에게 발생하는 모든 위험에 대해 하나의 상품으로 완벽히 보장받는 다목적용 상품입니다. ○○님의 니즈에 맞춰 언제든 상품의 변경설계가 가능하도록 설계된 맞춤식 보험상품입니다.

명품 화법

누구나 명품을 선호합니다. 그런데 ○○님! 명품이 되기 위해서는 3가지 조건이 필요하다고 합니다. 첫째 상품가치의 불변, 둘째 만드는 사람의 장인정신, 셋째 소비자의 뜨거운 호응이 그것이지요. 모든 보험의 장점을 두루 갖춰 만든 이 통합보험 상품은 보험 중의 명품이라고 할 수 있습니다.

저축성보험 니즈환기화법
Action Planning

Selling Point 보험상품의 특성상 아직도 중도해약 때 해약환급금이 적어서 보장성보험 가입을 꺼리는 고객에게는 저축성상품을 권유해 가계 재산형성을 업그레이드해주면서 자산형성의 4분법을 지켜나가도록 컨설팅하는 것이 필요하다. 저금리 시대에는 비과세 혜택이 있는 장기 저축 상품에 가입하는 것이 가장 유리한 재테크 방법임을 알린다.

재치화법 Action Planning

- 아직도 은행에만 저축하고 계십니까? 저축성보험은 보험의 보장기능과 저축의 재산증식 기능을 겸비한 금융상품입니다.
- 목돈은 눈사람을 만드는 것처럼 처음에는 뭉치기 어려우나 어느 정도 커지면 저절로 덩어리가 커지므로 그때까지는 인내심을 가지고 푼돈을 잘 모아야 합니다.

- 비과세 혜택을 받는 장기금융상품은 저축성보험 말고는 없습니다.
- 저축성보험은 복리로 이자가 불어나 가입기간이 길수록 수익을 더 많이 냅니다.

설득화법 Action Planning

007 화법

액션영화 007시리즈의 주인공 제임스 본드처럼 ○○님의 자금은 노출되지 않은 상태에서 완벽하게 운용 가능하며 합법적으로 세금 공포에서 탈출할 수 있습니다.

고스톱 화법

우리 국민의 영원한 오락이며 지나치면 도박인 고스톱과 비교할 때 저축성보험은 세 가지를 확실히 갖추고 있습니다. 즉 일시납은 일정한 수익률을 보장하는 수익성, 안전한 자금이 지급되는 안정성, 즉시 현금화하는 유동성을 겸비하고 있죠.

투자의 기본원칙 제시 화법

○○님! 투자의 포트폴리오 원칙을 들어보셨는지요? 자금을 투자할 때는 부동산, 증권, 금융기관에 적절히 분산하여 위험을 최소화한다는 것이지요. 금융기관 상품은 은행의 초단기 상품, 중·단기상품, 보험과 같이 비과세 혜택이 주어지는 중장기 상품에 골고루 투자하는 것이 바람직합

니다. 그런데 부동산 경기도 예전 같지 않고 한번 묶이면 현금화가 안 되잖습니까? 그래서 최근에는 투자의 기본원칙이 포트폴리오가 아닌 안전이 최우선이라고 합니다. 가장 안전한 저축수단인 저축성보험 가입을 검토해보시지요.

VIP 화법

사람은 누구나 VIP로 대접받기를 원합니다. 우리 회사는 ○○님을 VIP로 모시겠습니다. ○○님께서 일시납으로 자금을 맡기시면 금융서비스에서 일반 세무상담까지 다양한 서비스를 해드립니다.

항아리 화법

옛날 가정주부들은 부엌 한구석에 항아리 두 개를 묻어두고 밥을 지을 때마다 쌀을 한 주먹씩 항아리에 담았답니다. 현재 수익률이 조금 높거나 이익이 있다고 해서 함부로 자금을 이용하시면 큰 손해를 볼 수 있습니다. 우리 회사의 일시납을 이용해 큰 항아리(비상금)를 준비하시죠.

저축률 화법

우리나라 총저축률은 현재 약 34% 선이고 가계 저축률(개인순저축률)은 약 8% 선입니다. 가계 저축률의 경우 씀씀이를 자제하면 저축률을 쉽게 높일 수 있습니다. 외벌이 가구는 약 20%, 맞벌이 가구는 약 30%까지 저축해야 남들보다 비교우위에 서서 보다 안락하게 미래의 삶을 영위할 수 있다는 것이 전문가들의 조언입니다.

세원 비노출 화법

저축성보험과 연금보험 그리고 변액보험 등 투자상품은 아무리 높은 수익을 올려도 금융소득이 노출되지 않습니다. 세원이 노출되지 않는 비과세 상품이므로 금융소득종합과세에서 제외되어 금융소득 노출로 인한 세원 추적 대상에서 벗어날 수 있습니다.

금융상품 및 투자대상별 장단점을 정확히 분석 제시

은행상품은 입출금 가능과 기본적 이자 지급으로 안전성과 환금성은 뛰어나지만 저금리 시대에는 조정수익률로 계산할 경우 실질적 이익이 별로 없어 수익성은 떨어집니다. 주식은 주가등락에 따른 매매차익과 배당을 받을 수 있어 수익성이 뛰어난 이점이 있지만 투자리스크가 투자자에게 모두 귀속되므로 안전성이 매우 취약하다는 단점이 있습니다.

부동산은 인구 대비 국토면적 비율이 상대적으로 낮아 가격상승요인이 내재되어 있으므로 장기 보유하면 안전성과 수익성이 뛰어나지만 환금성이 매우 취약해 목적자금이 필요할 경우 곧바로 매매하기 쉽지 않고 관련 세금도 많아 투자리스크도 따릅니다.

이처럼 금융상품이나 부동산, 주식은 자산형성 주체로서 수익성, 안전성, 환금성 면에서 나름대로 장점이 있지만 단점 또한 있습니다. 서로 반대 방향으로 움직이는 재테크 속성이 있습니다. 한 곳에서 손해보더라도 다른 곳에서 손실을 보전할 수 있으므로 이를 효과적으로 활용하기 위한 방법이 포트폴리오에 입각한 가계자산운용의 안분비례 방법입니다.

최고의 장기저축상품

우리나라의 경제 사이클이 금융선진국을 닮아가는 거 아시죠? 금융투자 부분에서 우리나라는 아직도 가계금융자산의 60% 정도가 은행의 예금과 적금이라고 합니다. 나머지는 보험과 펀드 등 제2금융권의 상품이 나눠 갖고 있습니다. 특히 펀드 비중은 상대적으로 너무 낮습니다.

앞으로는 변액유니버설보험 등 적립식펀드가 매우 활성화될 겁니다. 아마 넉넉잡고 10년 후에는 미국의 금융시장과 같이 가계금융자산의 포트폴리오 패턴이 되지 않을까? 하고 전문가들은 조심스럽게 내다보고 있습니다. 그것이 자산을 알차게 굴리는 최고의 방법이니까요. 따라서 장기적 안목을 보신다면 당연히 복리로 운용되고 거기다가 비과세 혜택까지 주어지는 장기저축상품인 변액유니버설보험을 선택하셔야 합니다.

교육·어린이보험 니즈환기화법
Action Planning

[Selling Point] 향학열이 매우 높은 우리나라에서 학부모의 열정과 심리를 적절히 활용하여 합리적인 교육자금 마련 방법을 제시한다. 부모들의 높은 교육열을 생각할 때 경제적 이유로 자녀가 다른 아이들에게 뒤처지지 않게 해야 한다고 강조한다.

재치화법 Action Planning

- 교육보험은 ○○님께서 가입과 동시에 가정에 웃음과 희망을 줄 사랑스러운 자녀를 위해 후회 없는 선택이 될 겁니다.
- 자녀의 교육자금은 뚜렷한 목적이 있는 자금이기 때문에 가장 확실하고 안전한 교육보험으로 준비해야 합니다.
- 교육보험은 자녀를 정보화 시대에 최고의 전문가로 육성하기 위한 최소한의 교육투자라 할 수 있습니다.

- 우리는 자녀를 대학원까지 보내고 싶어합니다. 그러나 돈이 없으면 그 꿈은 수포로 돌아가게 됩니다.
- 자녀에게 보험은 경제적으로는 또 다른 부모 같은 존재가 될 겁니다.
- ○○님의 자녀는 좋은 교육을 받을 자격이 있습니다. 그러나 좋은 교육을 받기 위해서는 비용이 듭니다.
- 결혼한 뒤 아직 태어나지 않은 자식에게 제일 먼저 해줄 선물은 바로 태아보험입니다.
- 태아보험과 어린이보험은 선천이상, 신체마비, 저체중, 태어난 뒤 발생할 수 있는 여러 가지 질병을 집중적으로 폭넓게 미연에 대비할 수 있는 상품입니다.

설득화법 Action Planning

금수저, 은수저 화법

○○님! 빈익빈 부익부가 일반화된 용어인 거 아시죠? 그런데 놀라운 사실은 학력에 따라 빈익빈 부익부 현상이 더 심화됨은 물론 학력도 대물림된다고 합니다. 돈이 없으면 자녀의 올바른 교육도 힘든 세상입니다. 그래서 자녀가 성인이 되어도 교육을 잘 받은 친구들보다 돈을 벌 수 있는 곳에 취직하기 힘들게 되는 것이지요. 자녀에게 학력 대물림을 원하지는 않으시겠지요? 자녀는 반드시 은수저가 아닌 금수저가 되도록 해야 합니다.

양육화법

부모 없는 대학 졸업자가 이렇게 말했다고 합니다. "나는 부모님을 잘 기억하지 못합니다. 그러나 부모님께서 남겨주신 보험에서 부모님이 언제나 나를 잊지 않고 계신다는 것을 느꼈습니다." 보험은 이처럼 가족에게 소중한 자산입니다.

원만한 가정조성 화법

○○님께서는 학업을 마치고 현재 회사에 근무하면서 단란한 가정을 이루고 계십니다. 이것은 ○○님의 부모님이 건재하셔서 가정이 원만했기 때문에 가능했으리라 봅니다. 만약 ○○님이 어린 시절에 뜻하지 않게 부모님이 돌아가셨다면 어떻게 되었겠습니까?

자녀의 꿈 화법

누구나 자녀를 대학까지 보내고 행복한 가정을 꾸미길 바랍니다. 그런데 자녀들이 아무리 능력이 있어도 부모의 뒷받침이 없다면 자신의 꿈과 희망을 접을 수밖에 없을 겁니다. 만일의 경우에도 소중한 자녀의 꿈을 지켜주어야 하지 않겠습니까?

도박 화법

모든 부모는 자녀가 대학까지 나오길 바라지만 부모 5명 중 1명은 자녀가 대학에 들어가는 것을 보지 못하고 사망한답니다. 자녀의 미래를 준비하지 않는 것은 자녀의 미래를 두고 도박을 하는 것과 마찬가지입니다.

가난 대물림 화법

교육자금은 재벌보다 가난한 사람에게 더욱 필요합니다. 자식에게 가난을 물려주고 싶은 사람이 어디 있겠습니까? 준비를 미루다가 교육자금이 부족해 자녀에게 가난을 물려준다면 얼마나 가슴 아픈 일입니까?

보장플랜 제안 화법

○○님께서는 자녀에 대한 애정이 매우 깊은 분이세요. 그런데 ○○님께서 자녀들의 교육비를 계속 댈 수 없는 상황이 발생한다면, 혹시 그런 상상을 해본 적 있으십니까? 만에 하나라도 그런 일이 생긴다면 ○○님의 고통은 이루 말로 표현할 수 없을 정도로 클 거라고 생각합니다. 그래서 제가 ○○님께 만일의 위험이 닥쳐도 자녀들이 지속적으로 더 좋은 교육을 받을 프로그램을 설계하여 제안하려고 합니다.

교육비 준비 화법

성적도 좋고 장래가 촉망되는 젊은이가 경제적 이유로 대학 진학을 포기한다면 불행한 일이죠? 총명한 딸아이가 제대로 교육을 받는다면 훌륭한 의사가 될 수도 있습니다. 무엇이든 허물고 만들기 좋아하는 호기심 많은 아들은 최첨단 기술을 사용하는 엔지니어가 될 수도 있습니다. 사모님께서는 유치원에서 대학까지 자녀의 교육비로 얼마나 준비하고 계십니까?

자식농사 화법

'자식농사'라는 말이 있습니다. 자녀가 성장하여 혼인합니다. '이제 부모로서 할 일은 다했습니다'라는 인사를 받기도 합니다. 아들이나 사위가 그럴듯한 회사에 다녀 생활도 안정되는 듯합니다. 비행기가 푸른 하늘로 날아오르기 위해 활주로를 힘차게 달리는 것과 같습니다. '이제는 다 키웠어. 마음놓아도 되겠지….' 과연 그럴까요? 최근 재해사망률이 급격히 높아지고, 회사에서 각종 업무와 스트레스에 시달리다가 35세를 전후한 젊은층이 불행한 일을 당하는 경우가 많은 것이 우리 현실입니다.

손자를 위한 보험의 피보험자는 아들과 사위

한창 일할 30~40대에 갑자기 아들이나 사위에게 무슨 일이라도 생기면 이제까지 지어놓은 자식농사가 헛수고로 돌아갑니다. 늘그막에 아들이나 사위가 무슨 일을 당해서 시집간 딸이나 손자 뒷바라지까지 해야 하는 할머니와 할아버지를 심심찮게 볼 수 있는 것도 바로 이 때문입니다. 그렇다고 손자를 모른 척할 수도 없고, 손자를 위해서 뭉칫돈을 비상자금으로 준비한다는 것도 쉬운 일이 아닐 겁니다. 그러나 이런 골치 아픈 일도 보험으로 처리할 수 있습니다. 아들이나 사위를 피보험자로 해서 보험에 가입하도록 설계하면 됩니다.

아빠의 진정한 역할

○○님! 따님이 밝게 자라면서 좋은 학교도 가고 훌륭한 숙녀로 그리고 사회인으로 성장하기를 바라시죠? 이 또한 모든 부모의 바람일 겁니다. 그러나 요즘은 예전같이 가난한 집 애들이 공부를 잘하는 것이 아니라 부모가 적극적으로 뒷받침하는 애들이 공부를 잘할 뿐 아니라 소질을 계발해서 성공의 길로 갑니다. 그러나 만약 ○○님이 안 계시고 사모님 혼자

따님을 키우면 경제적인 이유로 따님이 하고 싶은 일이나 공부를 하지 못하게 됩니다. 다른 아이들과 같이 동등한 기회를 얻지 못하는 거죠. 아빠가 없더라도 아빠가 있는 것처럼 하고 싶은 것 마음껏 할 수 있게 준비하는 것이 아빠의 역할 아닐까요?

교육자금 준비 화법

요즘은 직장에서 자녀의 교육자금을 지원하는 경우가 많기 때문에 아빠가 직장에 잘 다닌다면 교육자금 문제가 별로 없습니다. 그러나 갑작스럽게 사고라도 당한다면 회사에서 지원하는 교육비도 끊겨 자녀는 공부를 중단할지도 모릅니다. 그래서 드리는 말씀인데 자녀의 교육비를 위해서 교육자금을 준비하라고 권하고 싶습니다. 만약 ○○님이 무사하시면 나중에 창업자금으로 쓰거나 자녀 결혼자금으로 쓸 수도 있으니까요.

문제인식 질문 화법

○○님께서는 △△(자녀 이름)가 몇 살쯤에 결혼하기를 바라십니까? ○○님께서는 결혼하실 때 부모님에게 어떤 도움을 받으셨어요? 만약 ○○님의 부모님께서 일찍 돌아가셨다면 오늘의 ○○님 모습이 어땠을까요? △△에게 들일 결혼비용을 어느 정도 생각하십니까?

80% 이상의 직장인이 퇴직

요즘 학비를 주는 직장이 점차 많아지고 있습니다. 그러나 우리 실정에서는 직장인 80%가 정년 이전에 퇴직합니다. 앞으로 90% 이상이 중도퇴직을 한다고 합니다. 자녀가 대학 입시를 앞둔 시점에 ○○님께서 회사를 그만두신다면 어떻게 하시겠습니까?

교육은 자녀에게 줄 수 있는 가장 안전한 유산

부모가 자녀에게 물려줄 유산으로 흔히 부동산, 현금, 유가증권 등을 생각하게 됩니다. 그런데 이러한 유산은 잘 유지될 때에 그 가치와 기능을 발휘하지요. 재산은 모으기는 쉬워도 유지하기는 어렵다는데, 이는 자칫하면 축내기 쉽다는 이야기입니다. 어떠한 경우에도 잃어버리지 않고 축낼 수 없는 유산이 있습니다. 그것은 교육이라는 유산입니다. 그러기 때문에 교육은 어떤 상황에서도 멈춰서는 안 됩니다.

사랑의 징검다리 화법

산모는 아기를 임신하고 있는 동안 정서적으로 불안하고 긴장상태에 놓입니다. 모든 신경이 뱃속에 있는 아기의 건강과 올바른 발육, 성장에 쏠려 있기 때문이지요. 아기를 임신한 설렘과 기쁨이 건강한 아기를 출산해 기쁨으로 승화되도록 태아보험으로 징검다리를 놓아주어야 합니다.

일상적인 보장을 손쉽게

태어난 아기가 병원치료를 하거나 입원, 약물 투여 등을 할 경우에는 일정 기간 보험 가입이 불가능합니다. 아기 때는 병원을 찾을 확률이 매우 높습니다. 사소한 감기에 걸리거나, 원인불명의 고열에 시달리거나, 설사도 자주 하지요. 또 폐렴, 천식, 탈장 등에 걸렸을 때는 통원치료를 받거나 입원해야 합니다. 그러나 이때는 보험가입이 불가능하기 때문에 미리 가입해 통원치료비부터 입원비까지 보장받는 것이 중요합니다.

엄마, 힘내세요. 사랑해요!

김 FC의 딸은 대학입시를 앞에 두고 있는데 엄마가 하는 일에 불만이 많다. 김 FC가 영업활동을 하다가 귀가시간이 조금만 늦어도 짜증을 부리고 언제부터인지 엄마를 대하는 태도도 180도 바뀌었다. 어느 날 딸은 담임선생님이 수업시간에 엄마가 보험영업하시는 학생은 손을 들라고 해서 보니 10%가량의 급우가 손을 들더라는 것이었다. 선생님께서는 보험의 효용을 설명하며 보험회사에서 일하는 것은 참으로 보람되지만 어떤 경우에는 어려운 점도 많아서 귀가도 늦는다고 하셨다.

그 뒤로 딸은 엄마가 하는 일에 의미를 부여하고 이해하는 쪽으로 바뀌어 적극적으로 집안일을 돕기 시작했다.

주부 FC들도 전문직업인으로서 나름대로의 세계가 있음을 당당하게 표시하며 알파우먼으로서 멋진 모습을 보여준다.

오늘은 딸이 머리맡에 놓아둔 "사랑해요. 존경해요. 우리 엄마 힘내세요! 대학교에 꼭 합격해서 자랑스러운 엄마의 노고에 보답하겠습니다"라는 메모지를 본 김 FC의 발걸음이 한층 경쾌하다.

PART 5

고객의 마음을 사로잡는
맛깔스러운 에스프리 화법
Action Planning Tips

고객을 만났을 때 세일즈맨은 말을 너무 많이 한다.
정곡을 찌르는 간결함이 설득의 명작이다.

− 해리 얼리쳐(Harry Erlitzer)

전천후 동기부여화법

다음은 보험상품을 판매할 때 각 상황에 필요한 전천후 니즈화법이다. 표준화법에 나름대로의 실전경험을 살려 본인 특유의 응용화법을 전개해보자.

- 보험 가입은 가족사랑의 시작입니다.
- 55세는 샐러리맨의 종착역입니다.
- 보험은 사랑하는 가족의 값진 선물입니다.
- 보험은 손수건처럼 용도가 다양합니다.
- 보험금은 제2의 퇴직금입니다.
- 보험은 소비하는 것이 아니라 투자하는 것입니다.
- 돈을 모으는 것도 좋지만 값있게 쓰는 것이 더 중요합니다.
- 보험은 제3의 인생을 위해 필요한 겁니다.
- 보험은 핵가족 사회에서 절대적으로 필요합니다.
- 장수하는 것이 복이 되지 못할 때도 있습니다.

- 계약자는 세 번 후회합니다.
- 보험은 재벌보다 보통 사람에게 더 필요합니다.
- 보험증권은 건강증명서와 같습니다.
- 가정의 미래, 행복, 안정을 위한 보물 1호는 보험입니다.
- ○○님은 가족에게 수천만 원의 빚을 지고 있습니다.
- 계약자 한 분이 사망하면 세 사람이 뛰어옵니다.
- 물고기 잡는 법을 가르쳐주어야 합니다.
- 수입이 없을 때 타는 돈은 비록 적더라도 큰돈이 됩니다.
- 남자의 수명은 여자보다 훨씬 짧습니다.

*

- 거액의 상속세를 준비하는 데는 보험이 가장 유리합니다.
- 보험은 재산증식 외에 다른 효용이 더 큽니다.
- 두부는 저축, 간장은 보험입니다.
- 가정경제를 튼튼히 하려면 재정안정설계는 기본입니다.
- 보험에 가입하는 것은 꿩 먹고 알 먹는 것입니다.
- 재산 형성과 관리를 위한 자산운용법칙으로는 포트폴리오가 상식입니다.
- 보험은 석유풍로와 같습니다.
- 헬멧은 머리를 보호하고 보험은 가정을 보호합니다.
- 보험에 가입하는 것은 장마 전에 지붕을 손질하는 것과 같습니다.
- 비 오는 날 우산을 사는 것은 이미 늦습니다.
- 자동차에는 브레이크, 인생에는 보험이 안전장치입니다.
- 하루 커피 한 잔 값으로 위험보장을 완벽하게 할 수 있습니다.

- 종신보험은 가족의 행복을 지켜주는 가정경제의 파수꾼입니다.

- 늙거나 가난한 것보다 더 비참하고 슬픈 일은 없을 겁니다.

- 전등이 있더라도 양초는 준비해야 합니다.

- 장마와 홍수는 언제 닥칠지 모릅니다.

- 현명한 사람은 가족의 행복과 안녕을 담보로 걸지 않습니다.

- 보험은 언제 몰아칠지 모르는 폭풍을 막아주는 방패입니다.

- 사람들은 잘못된 결정보다는 우유부단함으로 많은 것을 잃었습니다.

- ○○님이 가입하는 보험의 가치는 ○○님의 마음속에 있습니다.

- 보험에 가입하면 안정된 미래가 보장됩니다.

- 보험은 현재를 최상으로 살아가도록 해주는 보안책입니다.

*

- 인간을 영원히 괴롭히는 경제적인 고민을 보험이 해결해드립니다.

- 보험이 필요하다고 느낄 때는 무엇을 주더라도 가입할 수 없습니다.

- 보험은 건강한 사람이 아픈 사람을 위해서 베푸는 사랑의 실천수단
  입니다.

- 보험이야말로 긴 인생의 지름길입니다.

- 보험은 피할 수 없는 지불을 해결해주는 꼭 필요한 해결책입니다.

- 조금이라도 여유가 있을 때 가족의 미래를 위해서 준비해야 합니다.

- 보험의 효과는 ○○님께서 은퇴하셨을 때 시작됩니다.

- 보험은 비 오는 날의 우산 같은 역할을 하는 보장제도입니다.

- 보험에 가입하면 평생 안심하고 만족스럽습니다.

- 사람은 언제 어떻게 될지 아무도 알 수 없습니다.

- 소중한 가족을 위한 경제 준비 수단은 오직 보험뿐입니다.

- 내일 죽는다는 것을 알 수 있다면 맨 먼저 보험에 가입할 겁니다.
- 현재의 보수만큼 미래에 확실히 보장해주는 금융상품은 보험밖에 없습니다.
- 보험컨설턴트는 고객의 행복한 미래를 설계해드리는 재무컨설턴트입니다.
- 보험은 가족사랑의 진솔한 표현수단입니다.
- 저축은 기술이고 이를 올바로 사용하는 것은 예술이라고 합니다.

＊

- 시간은 당신을 기다리지 않습니다.
- 가정의 향기는 미래 비전과 안전망이 있을 때 피어오릅니다.
- 건강문제는 보험에서 '약방의 감초'라고 할 수 있습니다.
- 위험, 그것은 원하지 않더라도 다가오는 겁니다.
- 위험, 그것은 항상 예측하지 못하는 곳에 도사리고 있습니다.
- 당신의 건강, 운에 맡기고 계십니까?
- 사람만이 희망입니다. 가족만이 희망의 보석입니다.
- 순간의 선택이 평생을 좌우합니다.
- 보험에 드는 순간 안전과 행복이 시작됩니다.
- 내 아내는 내가 챙깁니다. 내 남편은 내가 챙깁니다. 내 가장은 가장인 내가 챙깁니다.
- 잠가도 잠가도 불안까지 잠글 수는 없습니다.
- 보험은 아무나 가입할 수 없습니다. 그러나 누구나 가입할 수 있습니다.
- 작은 부주의가, 무심한 마음이 큰 아픔으로 남습니다.

- 노아가 배를 만들 때는 비가 오지 않았습니다. 미래를 예측하는 사람은 준비하면서 살아갑니다.
- 불이 나라고 소방차가 있는 것은 아닙니다.
- 보험컨설턴트는 작은 사랑을 나누러 왔다가 큰 사랑을 담아가는 사랑의 전도사입니다.
- 보험은 ○○님 가정의 꿈과 희망, 삶의 목적을 이루기 위한 최상의 안전판입니다.
- 제가 ○○님께서 만나시는 마지막 보험 권유자가 될지 아무도 모릅니다.

*

- ○○보험은 남들이 일생 동안 모으기 힘든 재산을 한순간에 보장하는 기적을 창출해줍니다.
- ○○님께서 미래를 준비하지 않고 사망한다면 사모님께서는 자녀와 함께 준비되지 않은 삶의 항로를 살아가야 합니다.
- 돈을 버는 것은 쉬운 일입니다. 그러나 그 돈을 성공적으로 관리하는 것은 쉬운 일이 아닙니다. 성공적인 돈 관리를 제가 해드리겠습니다.
- 보험은 가족에게 사랑하는 마음을 전하는 징표입니다.
- 보험은 사랑하는 가족에게 사랑의 가치를 가장 알뜰하게 전해 마음의 안정을 이루게 해주는 가정의 행복을 위한 사랑의 전령사입니다.
- 현재 ○○님에게 가장 소중한 것은 무엇입니까? 아마 가장들의 공통적인 대답은 바로 가족일 겁니다. 즉, 단란하고 행복한 가정일 겁니다.
- 우리 가정에는 확정적 사건, 임의의 사건, 불확정적 사건 등 가정의 3대 사건이 늘 따라다닙니다.

- 표현하지 않는 사랑은 사랑이 아니라는 말이 있습니다.

- ○○님의 보험의 가치는 ○○님의 마음속에 있습니다.

- 현재 8% 정도의 투자는 미래에 ○○님이 안 계신 가정에 그 반대인 92%의 의미가 있을 겁니다.

- 미망인이 받는 100만 원은 남편이 있을 때 받은 200만 원보다 훨씬 값지게 느껴질 겁니다.

*

- 보험에 가입하시면 ○○님께서는 지금 살고 계신 집을 불확실한 미래의 운에 맡기는 것이 아니라 사랑하는 가족에게 맡기는 겁니다.

- 부모님을 잘 봉양하는 것은 자신의 미래를 보장하는 것과 같습니다.

- 생명보험은 예측하지 못한 일이 일어났을 때 가능한 금액을 보장해 주는 단 하나의 금융상품입니다.

- 현재는 이 보험금액이 조금 부족하다고 생각하실 겁니다. 임종 때에도 그렇게 생각하실 것이 틀림없습니다. 그러나 부족에 대한 느낌은 임종 때는 확실히 다를 겁니다.

- 보험을 믿지 않는 사람이라도 그가 5분 뒤에 죽을 운명임을 안다면 그 마음은 분명히 변할 겁니다. 약 17분마다 한 사람씩 2회차 보험료를 불입하지 못하고 사망한답니다.

- 가족의 소득을 배우자가 영원히 지켜줄 수 있다면 배우자로서 책임은 다하는 겁니다.

- ○○보험은 보장된 ○○님의 미래입니다.

- 지금 이 보험에 가입하지 않는 이유가 나중에 ○○님이 돌아가신 뒤에 남은 사모님에게는 그저 원망스러운 이유가 됩니다.

- 이 ○○보험만이 돈을 다 준비하기 전에 ○○님의 유언을 이루어드릴 겁니다.
- 이 보험은 ○○님이 살아 계시는 동안에는 저축이 될 것이고 ○○님께 무슨 일이 생긴다면 보험 역할을 다할 것입니다.
- 저희는 ○○님이 살아 계실 동안은 물론 돌아가신 뒤에도 ○○님이 사랑하는 가족을 돌봄으로써 저희 임무를 다할 겁니다.

*

- 늙거나 가난한 것은 슬픈 일입니다. 하물며 두 가지 모두에 해당된다면 더 비참한 일은 없을 겁니다.
- 돈은 떨어져도 청구서는 끊이지 않습니다. 제가 하는 사업은 돈을 전달하는 일입니다.
- ○○님이 돌아가신 후의 100년 동안보다 지금 몇 분이 가족을 위해 더 많은 일을 할 기회가 될 겁니다.
- 죽음은 인플레이션보다 훨씬 더 빠릅니다.
- 죽음은 매일 누군가에게 다가옵니다. 그리고 모든 사람에게 그날은 반드시 옵니다.
- 제가 하는 사업은 ○○님의 내일의 행복을 보장하는 일입니다.
- 보험에 가입하든 가입하지 않든 ○○님께서 현실을 파악하기 전에는 현명한 결정을 하실 수 없습니다.
- 보험은 큰 액수의 돈을 미래에 받겠다는 것입니다. 그런데 이것이 지금보다 더 싸게 제공되는 경우는 없을 겁니다.
- 보험은 말 뜻대로 생명을 위험으로부터 보호해주는 겁니다. 즉, 생명에 무슨 일이 생겼을 때 남은 가족의 미래 생활을 보장하는 겁니다.

- 저축한 돈을 쓸 때와 보험금을 받아쓸 때의 그 필요한 정도는 비교할 수 없습니다.
- 만약 우리가 내일 죽는다는 것을 안다면 맨 먼저 보험에 가입하려고 할 겁니다.
- ○○보험은 기적을 창출합니다. 사인하는 이 펜으로 남들이 일생 동안 모으기 힘든 재산을 한순간에 보장하기 때문입니다.
- 인간을 영원히 괴롭히는 것은 재정과 관련된 고민입니다. 그 고민을 보험이 해결해드립니다.
- 보험은 사랑의 언어입니다. 타인에게 베풀 수 있는 뜻깊은 겁니다.

최선의 대안 상품

예기치 않은 병마와 위험으로부터 자유로운 사람은 없습니다. 보험은 그 예기치 못한 불행으로부터 안전하게 지켜주는 최선의 대안입니다. 보험은 불확실한 미래를 끝까지 챙겨주는 생활필수품(필요충분조건)이요 인생저축상품입니다.

행복나무 화법

지금 심은 보험나무 한 그루가 ○○님의 삶에 행복나무가 되어 가정에 숲처럼 번져나갈 겁니다. 아늑한 보험나무 행복 숲에서 힐링하시며 평안한 삶의 여정을 보내도록 해보십시오.

컨설팅화법 전개에
꼭 필요한 맞춤 속담

일반 사람들이 심리적으로 가장 공감대를 갖도록 만드는 화법 전개 방법으로는 누구나 공통적으로 이야기하는 말에 대하여 액면 그대로 인식하도록 만드는 속담이 제격이다. 속담은 듣는 사람에게 저절로 심리적으로 공표효과를 가져다주므로 화법을 전개할 때는 아래 제시한 속담을 컨설팅 순간의 분위기와 설명하는 상품의 쓰임새에 맞게 적절히 활용하면 더 좋은 효과를 가져다줄 것이다.

종신보험화법을 전개할 때 인용 가능한 속담

- 개 한 마리가 짖으면 뭇 개들이 따라서 짖는다고, 보험에 가입하지 않아 가족 모두 피해를 보게 될 수도 있습니다.
- 가난 구제는 나라도 못한다고, 가장이 사고로 소득이 끊겼을 때 살림은 누가 책임지고 돌봐줍니까?

- 가는 토끼 잡으려다가 잡은 토끼 놓친다고, 보험을 이것저것 많이 가입하면 너무 벅차서 유지하지 못할 경우도 있습니다. 똘똘한 종신보험 하나면 됩니다.
- 건강은 돈 주고도 못 산다고, 건강할 때 미래를 위해 투자해야 합니다.
- 건더기가 많아야 국물이 난다고, 특약이 많은 종신보험에 가입해야 필요한 보상을 충분히 받을 수 있습니다.
- 고기도 먹어본 사람이 잘 먹는다고, 보험도 가입해본 사람이 잘 이해하고 또 가입합니다.
- 국에 덴 사람은 회(膾)도 불어 먹는다고, 불의의 사고를 당하기 전에 미리 준비해야 합니다.

*

- 죽은 자식 불알 만진다고, 사고가 난 후 (이제 와서) 돈이 없음을 후회한들 아무 소용이 없지요.
- 접시 물에도 빠져 죽는다고, 세상에는 예상치 못한 일들이 너무나 많습니다.
- 뒤로 자빠져도 코가 깨진다고, 세상만사는 뜻대로 잘 안 됩니다.
- 제 앞에 안 떨어진 불은 뜨거운 줄 모른다고, 사람들은 대부분 당해봐야 알게 되지만 그때는 이미 늦죠.
- "자비는 오늘 베풀어라. 내일은 아무도 보장할 수 없다"라는 말이 있듯이, 오늘 미래를 준비하지 않으면 사후약방문이 될 수 있습니다.
- 꿈인지 생시인지 모른다고, 뜻밖의 큰일을 당하여 어찌할 바 몰라 갈팡질팡할 때 보험은 든든한 후원자가 되어줍니다.
- 삼수갑산을 가는 한이 있더라도, 가족을 위해 종신보험은 반드시 가

입해야 합니다.

- 노루 보고 그물 짊어진다고, 일이 다급하게 된 후에야 허둥지둥 준비하면 이미 늦습니다.

- 논이 있은 뒤에 물이라고, 주보험을 확실히 살펴보면서 니즈에 맞으면 그때 특약을 선택하여 가입해야 합니다.

- 높은 가지가 부러지기 쉽다고, 가장 혼자 경제력을 책임질 경우에는 항상 가장 유고시의 가족을 생각해야 합니다.

- 높은 나무에는 바람이 세다고, 안정되고 소득이 많을 때일수록 경기 사이클같이 하강기가 올 때를 대비해야 합니다.

*

- 눈 먹던 토끼와 얼음 먹던 토끼가 다 각각이라고, ○○님의 경제 능력으로 봐서는 최소한 이 정도 보장금액으로 설계하셔야 합니다.

- 눈코 뜰 새 없이 바쁘셔도 가족의 미래생활 안정을 위한 보험은 가입하셔야 합니다.

- 죽지도 살지도 못하고 빼도 박도 못한다고, 가장의 빈자리가 경제적으로 너무도 크면 가족은 이루 말할 수 없는 곤경에 빠지게 됩니다.

- 마른하늘에 벼락 맞는다고, 창졸지간에 뜻하지 않은 큰 재앙을 당하면 남은 가족은 어찌 될까요?

- 마른하늘에 청천벽력이라고, 갑자기 무슨 큰일이라도 나면 살림에 타격은 없을까요?

- 소 잃고 외양간 고친다고, 평소 위험에 대비하지 않다가 사고가 난다면 그땐 이미 경제적으로 모든 것을 잃게 됩니다.

- 도둑맞고 사립 고친다고, 이미 일이 벌어지고 난 다음 보험에 들지 않

은 것을 후회하면 그땐 소용없습니다.

■ 한 푼 아끼다가 백 냥을 잃는다고, 맨 처음 가입할 때부터 가족의 미래보장을 염두에 두어야 합니다.

*

■ 음지가 양지 되고 양지가 음지 된다고 하듯이 세상일은 다 변하기 마련입니다. '더도 말고 덜도 말고 늘 한가위만 같아라' 하듯이 가장이 살아 계실 때와 마찬가지로 가장이 사고를 당했을 경우에도 살림살이에는 지장이 없어야 합니다. 경제력은 항상 현상을 유지해야 합니다. 그래야 가족이 경제적으로 불행하지 않게 됩니다.

■ 산 입에 거미줄 치랴 하지만 요새 세상에는 돈이 없으면 아무것도 할 수 없음을 잘 아시지 않습니까?

■ 섶을 지고 불에 들어가려 한다고, 요새 같은 불확실성 시대에 보험에 가입하지 않는 것은 가정의 경제적 위험을 자초하는 것과 마찬가지입니다.

■ 벌집 보고 꿀돈 내어 쓴다고, 보험에 가입도 하기 전에 해약을 먼저 걱정하시면 안 되죠. 열심히 사시는데 이 보험료도 못 내겠습니까?

■ 기와 한 장 아껴서 대들보 썩는다고, 돈 몇 푼 아껴 저축하다가 잘못하면 더 큰 손해를 당할 수도 있습니다.

연금보험화법을 전개할 때 인용 가능한 속담

■ 가랑비에 옷 젖는 줄 모른다고, 노후준비를 하지 않는 부모는 자녀에

게 짐만 될 뿐입니다.

- 늙으면 눈물이 헤퍼진다고, 나이 들면 자식이 조금만 잘못 대해도 서러워진답니다.

- 물에 빠진 사람은 지푸라기라도 잡으려 한다지만, 노후에 용돈이 없으면 무엇을 어떻게 잡으려 하겠습니까?

- 자식만큼은 부모 뜻대로 되지 않는다고 하듯이, 부모가 자식을 생각하는 마음과 자식이 부모를 생각하는 마음에는 차이가 많습니다.

- 경제생활을 할 수 있는 나이는 정해져 있습니다.

*

- 기린도 늙으면 말 새끼만 못하다고, 아무리 왕성한 활동력을 보이는 사람도 늙으면 쇠퇴하고 쓸모없기 마련입니다.

- 철나자 망령난다고, 사람 늙기는 잠깐입니다.

- 나무가 고목되면 오던 새도 안 오듯이, 늙고 병들면 젊을 때의 부귀공명 얘기를 해도 다 소용없는 일입니다.

- 나무가 고목되면 오던 새도 안 오듯이, 늙고 병들면 젊은 사람들에게 소외당합니다.

- 돈에 울고 돈에 죽는다고, 경제적 여유 없는 노후는 오아시스 없는 사막같이 황량합니다.

- 청승은 늘어나고 팔자는 오그라든다고, 돈 없는 노후는 정말 괴롭고 비참한 겁니다.

- 여든 살이라도 마음은 젊다고 하지만, 마음만 젊다고 풍요로운 노후가 보장되는 것은 아닙니다. 돈이 있어야 합니다.

- 일흔하나부터는 남의 나이라고, 오래 살수록 가장 필요한 것이 연금

보험입니다.

- 늙으면 자식 촌수보다 돈 촌수가 가깝다고, 자식보다 저축한 돈이 더욱 필요합니다.
- 한 부모는 열 자식을 거느려도 열 자식은 한 부모를 거느리지 못한다고, 노후 대비는 본인 스스로 해야 합니다.
- 가지 많은 나무에 바람 잘 날 없다고, 부모가 늙었을 때 걱정 안 끼치고 효자 노릇을 하는 것은 연금보험뿐입니다.

*

- 돈만 있으면 귀신도 부릴 수 있다고, 돈이 있으면 이루지 못할 것이 없는 세상입니다.
- 세상에 믿을 사람(놈) 없다고, 자식도 다 크면 제 살길 바빠 부모 모실 생각도 못하는 세상입니다.
- 뿌린 대로 거둔다는 말처럼, 젊어서 저축을 많이 해야 노후가 편안해집니다.
- 닭의 목을 비틀어도 새벽은 온다고, 노후는 필연적으로 다가옵니다.
- 무자식이 상팔자란 말도 있듯이, 자녀에게 모든 것을 바치고 나면 부부에게 남는 것은 과연 무엇이겠습니까?
- 젊어 고생은 사서 하지만, 늙어 고생은 정말 구차하고 애처로운 일입니다.
- 긴 병에 효자 없다고, 경제력 없는 부모는 어쨌든 자녀에게 부담만 됩니다.
- 군자 말년에 배추씨 장사한다고, 늙어서 고생할 때 젊을 때의 부귀공명 얘기해도 다 소용없는 일입니다.

- 가는 세월에 오는 백발이요, 세월이 흐르는 사이에 저절로 늙어서 백발이 성성해진다고, 사람 늙기는 잠깐입니다.
- 감나무에 올라가야 홍시도 따먹는다고, 노후를 대비해야 편하게 살 수 있습니다.
- 가는 날이 장날이라고, 만약 해약하신다면 반드시 대타를 세워야 합니다. 언제 무슨 일을 겪을지 모르니까요.

*

- 나이는 못 속인다고, 나이를 먹으면 정신적으로 육체적으로 모두 쇠약해지기 마련이라 의지할 것은 경제적 여유뿐입니다.
- 날개 부러진 새 신세가 되지 않으려면 지금부터 노후 준비를 철저히 해야 합니다.
- 누울 자리를 보고 누우랬다고, 노후 고생길을 피하려면 지금부터 준비해야 합니다.
- 누울 자리를 보고 발 뻗으랬다고, 장차 어떻게 될지 예상하면서 인생 설계를 해야 합니다.
- 늙은 천리마가 잠만 잔다고, 늙으면 별도리 없이 편히 쉬어야 하는데, 이때 필요한 것은 바로 돈입니다.
- 오는 백발 막을 장사 없다고, 늙음은 누구에게나 찾아오므로 미리 준비해야 합니다.
- 용이 물을 잃는 것처럼 노후를 자식에게 기댔다가 뜻대로 안 된다면 그보다 허망한 인생살이가 어디 있겠습니까.
- 운 기다리다가 죽음을 기다린다고, 노후의 편안함은 그냥 오는 것이 아닙니다.

- 하루를 살아도 천 년 살 마음으로 살랬다고, 미래를 계획하면서 살아가야 합니다.
- 거위의 목을 비틀어도 노후는 조만간 찾아옵니다.
- 아이가 자라서 어른이 되듯, 한푼 두푼 모으다 보면 큰돈이 생기게 됩니다.

*

- 내리사랑은 있어도 치사랑은 없다고, 앞으로는 자식에게 노후를 기댈 상황이 안 됩니다.
- 자식 겉 낳지 속은 못 낳는다고, 크면 부모 마음대로 못합니다.
- 잠을 자야 꿈을 꾼다고, 노후 준비도 하지 않고 지내시다가 막상 정년이 다가왔을 때의 경제적 생활상을 한번 생각해보십시오.
- 부지런한 농사꾼에게는 나쁜 땅이 없다고, 노후를 준비한 사람에게는 풍요로운 노후생활만 있을 뿐입니다.
- 소같이 벌어서 정승같이 쓰랬다고, 젊었을 때 이렇게 버는 것은 모두 노후를 편히 보내기 위해서라고 할 수 있지요.
- 부뚜막의 소금도 집어넣어야 짜다고, 종신보험에 가입하면 미래 생활안정을 위한 보장자산을 마련했다는 뿌듯함에 항상 만족감을 느끼실 겁니다.

보장성보험화법을 전개할 때 인용 가능한 속담

- 돈을 잃으면 조금 잃는 것이고, 명예를 잃으면 많이 잃는 것이고, 건

강을 잃으면 모든 것을 잃는 것이라고 하듯, 건강할 때 보험에 가입하여 건강을 더욱 지켜야 합니다.

- 가빈(家貧)에 사양처(思良妻)라고, 집안이 가난해지면 살림 잘하는 어진 아내가 생각나듯이 보험은 비상시에 진가를 발휘하는 인간 친화적 신용상품입니다.

- 가난할수록 기와집 짓는다고, 여유가 없을수록 미래 가정의 안정된 삶을 위해서는 지금 보험에 가입해야 합니다.

- 가는 날이 장날이라고, 일상생활에는 뜻하지 않은 일을 우연히 그리고 공교롭게 당하는 경우가 허다합니다.

*

- 가뭄 끝은 있어도 장마 끝은 없다고, 지금 힘들다 한들 사고로 가장의 자리가 비었을 때보다 더 큰 고통이 있을까요?

- 구슬이 서 말이라도 꿰어야 보배라는 말이 있듯, 보험도 가입하여 혜택을 보면 진가를 알 수 있습니다.

- 가뭄에 도랑 친다고, 일이 기울어진 다음에 부랴부랴 서두르지 마시고 미리 대책을 세워야 생활이 안정됩니다.

- 강물도 쓰면 준다고, 여유 있을 때 아껴야 합니다.

- 가사에는 규모가 제일이라고, 집안이 편안하려면 경제적으로 풍요로워야 합니다.

- 뭐니뭐니해도 머니(Money)가 최고라고, 요새 세상은 돈이 없으면 살기 힘듭니다.

- 가슴에 못을 박는다고, 불행한 사태가 일어나 가족이 힘들 때 가족을 어떻게 대하시겠습니까? 가족에게 경제적 부담을 안겨주면 평생

가슴의 못이 됩니다.

- 가을 식은 밥이 봄 양식이라고, 여유 있을 때 낭비하지 말고 절약해야 뒷날 궁함을 면할 수 있습니다.

- 죽지도 살지도 못한다는 말이 있듯, 불행을 당하여 곤궁에 처하면 그보다 더 힘든 일은 없을 겁니다.

- 빼도 박도 못한다고, 집안에 어려움이 발생하면 보통 난처하고 힘든 것이 아니지요.

*

- 가지 나무에 목매단다고, 가정형편이 어려워지면 아내는 이것저것 가릴 여유 없이 돈 되는 일을 찾아나서야 하는 비참한 처지에 놓이게 된답니다.

- 갈수록 태산이라고, 가장의 빈자리가 생기면 그때부터 가정형편은 매우 힘들고 어려워집니다.

- 목마른 자가 우물 판다고, 막상 일이 닥친 다음에 보험에 가입하려면 이미 늦습니다.

- 갓 사러 갔다 망건(網巾)산다고, 남이 좋다 하여 이것저것 가입하면 효용가치가 떨어집니다.

- 아닌 밤중에 홍두깨요 자다가 벼락 맞는다는 말이 있듯, 세상일은 뜻대로 안 되는 경우가 많습니다.

- 뒤로 자빠져도 코가 깨진다고, 위험은 언제 닥칠지 모릅니다.

- 제사 지내려니 식혜부터 쉰다고, 세상일은 공교롭게도 뜻대로 되지 않을 경우가 많습니다. 이럴 때를 대비해서 미리 보험에 가입해두는 것이죠.

- 사후 약방문이요 끝난 뒤에 날장구 치는 격으로, 소 잃고 외양간 고치는 것은 아무 소용없는 짓입니다.

- 일이 닥친 다음에 후회하는 것은 죽은 자식 나이 세기처럼 아무 소용없는 겁니다.

- 그믐밤에 홍두깨 내미는 격으로, 생각지 않았던 일을 갑자기 당해봐야 보험의 소중함을 알게 됩니다.

- 남이 맞는 매는 아파 보이지만 정작 자신에게 그런 고통이 온다면 어떻게 대처하시겠습니까?

*

- 땡감도 떨어지고 익은 감도 떨어지듯, 언제 무슨 일이 일어날지 아무도 모릅니다.

- 가자니 태산(泰山)이요 돌아서자니 숭산(崇山)이라고, 불의의 사고로 가정이 난처해지기 전에 미리 위험에 대비해야 합니다.

- 사람팔자 시간문제라고, 지금 아무 일 없다 해도 언제 어떤 불행한 일을 당할지는 아무도 모릅니다.

- 물은 트는 대로 흐르듯, 가정의 안전장치가 마련되면 매사가 물 흐르듯 잘될 수 있습니다.

- 병 없고 빚 없으면 산다고, 병원비는 보험으로 해결할 수 있습니다.

- 병은 들기 쉬워도 낫기는 어려우므로, 건강보험에 가입하여 준비해야 합니다.

- 화약을 지고 불에 들어가는 것처럼 보험에 가입하지 않으면 가정생활의 안정을 보장할 수 없습니다.

- 3년 구병(救病)에 불효난다고, 자식의 효도도 한결같을 수 없습니다.

- 새도 날려면 움츠리듯, 무슨 일이 닥칠지 미리 준비해야 뒤탈이 없습니다.
- 세월이 유수와 같다고, 보험에 들고 나면 어느새 만기가 되었나 하고 생각하실 겁니다.
- 시작이 반이라는 말처럼 일단 보험에 가입하면 불입은 걱정하지 않으셔도 됩니다. 그만한 능력이 충분히 되잖아요.

*

- 깨물어 안 아픈 손가락 없듯, 사랑하는 자녀를 위해서 건강보험은 필수입니다.
- 열흘날 잔치에 열하룻날 병풍 친다고, 당하고 나서 후회해봤자 아무 소용없습니다.
- 우환이 도둑이라고, 가족이 아파 누우면 알게 모르게 경제적 고통이 매우 클 겁니다. 집안에 나쁜 일이 생긴다면 온 식구가 경제적 어려움을 겪게 됩니다.
- 유전무죄요 무전유죄라고, 돈이 없으면 아무것도 할 수 없는 세상입니다.
- 이왕 맞을 매라면 먼저 맞으랬다고, 어차피 가입해야 할 보험이라면 지금 가입하는 것이 훨씬 유리합니다.
- 인생은 바람 앞의 촛불 같다고, 언제 무슨 일이 일어날지 아무도 모릅니다.
- 자다가 벼락 맞는다고, 언제 어느 때 질병이나 사고 등 불행의 여신이 올지 아무도 모릅니다.
- 방귀가 잦으면 똥이 나온다고, 몸에 이상한 징조가 나타나기 전에 보

험에 가입해야 합니다.

- 초년고생은 양식지고 다니며 한다고, 아무리 힘들어도 가족의 미래 안정을 위한 보험은 가입해야 합니다.
- 가마솥의 콩도 삶아야 먹는다고, 보험은 저와 같은 전문보험컨설턴트의 컨설팅이 필요합니다.

*

- 가난한 집에 제삿날 돌아오듯 한다고, 어려울 때일수록 더 보험에 가입해야 합니다.
- 소 잃고 외양간 고친다고, 불이 난 다음(불의의 사고가 발생한 다음) 후회해봤자 아무 소용없습니다.
- 고생 끝에 낙이 온다고, 힘들어도 한푼 두푼 모여 불입하다 보면 어느새 만기가 되어 참 잘했다는 생각이 들 겁니다.
- 콩 심은 데 콩 나고 팥 심은 데 팥 난다고, 보험을 심으면 가족을 위한 보험금이라는 가족사랑이 생겨난답니다.
- 벌초 자리는 좁아지고 백호(白虎) 자리는 넓어진다고, 매사 뜻대로 되지 않습니다. 항상 예외가 발생하는데 이때를 대비하셔야 합니다.

교육보험화법을 전개할 때 인용 가능한 속담

- 물은 트는 대로 흐르고 자식은 깨우쳐주는 대로 자랍니다.
- 돈 모아줄 생각 말고 자식을 가르치랬다고, 크는 나무에 양분을 많이 공급해야 합니다.

- 마소의 새끼는 경마장으로 보내고, 사람의 자식은 서울이 아닌 해외 유학을 보내는 시대입니다.
- 저 먹고 살 것은 타고난다고 하지만, 가르치지 않으면 제구실을 못 하는 세상입니다.
- 가랑비에 옷 젖는다고, 아무리 적은 교육비라도 자꾸 쌓이다보면 가계에 큰 부담이 됩니다.

*

- 귀여운 아이에겐 회초리를 주고 미운 아이에겐 엿을 주랬다고, 제대로 가르쳐야 하는 이유가 여기 있습니다.
- 금이야 옥이야 하듯, 제 자식은 모두 중요하게 여기므로 자식 교육을 책임지는 교육보험은 제2의 부모와 같습니다.
- 기둥이 튼튼해야 집도 튼튼하듯, 제대로 가르쳐야 집안이 화목하고 발전합니다.
- 대한이 되어서야 털옷을 찾는다고 하지만, 노후자금은 미리 준비해야 합니다.
- 될성부른 나무는 떡잎부터 안다고, 자녀를 훌륭하게 키우려면 조기교육을 해야 합니다.
- 자식에게 땅 줄 걱정 말고 책 물려 줄 걱정하랬다고, 뭐니뭐니해도 교육을 잘해야 합니다.
- 쥐구멍에도 볕들 날이 있다고, 힘들게 자녀교육을 하고 나면 쨍하고 해 뜨는 날이 올 겁니다.
- 칭찬이란 말처럼 아름다운 것은 세상에 없습니다. 연애, 사랑, 행복, 보람, 열정 등 모든 미덕도 결국 이 아름다운 말을 듣기 위해 존재

합니다.

- 칭찬은 아무리 들어도 싫증나지 않는 공기와 같은 존재입니다.

- '진인사 대천명'이란 말씀 아시죠? 자녀교육은 최선을 다해야 합니다. 그 애들이 훌륭하게 클 수 있게 말입니다.

Top 에이전트가 전하는 성공 노하우

호모헌드레드(Homo-hundred) 시대 은퇴 이후를 대비하여 고객들에게 인생을 어떻게 설계해야 할지에 관해 조언해줘라. 이것이 급변하는 시장 환경에서의 생존전략이며 보다 소득을 올릴 수 있는 비결이다.

조지 피켓(George Pickette)

니즈환기에
꼭 필요한 맞춤 명언

Selling Point　아래 제시한 명언들은 보험 컨설팅할 때 적합한 동서 고금 선현들의 명언을 발굴하여 모은 것이다. 따라서 여기서는 상황에 알 맞게 각자 적당히 조절해서 활용하도록 상품별 전개화법은 예시하지 않 는다. 지금까지 학습한 명언들을 살펴보면 어떤 상품에 적합한 글인지 금 세 알아채 유효적절하게 활용할 수 있다고 여기기 때문이다.

보험의 효용과 가치를 환기해주는 명언

- 이 세상에 죽음만큼 확실한 것은 없다. 그런데 사람들은 겨우살이를 준비하면서도 죽음은 준비하지 않는다. 　　　　　　　　　톨스토이
- 내일 지구의 종말이 온다 해도 오늘 한 그루의 사과나무를 심겠다. 　　　　　　　　　　　　　　　　　　　　　　　　　　스피노자
- 우리들 생에서 행복은 일 년을 마무리할 때 연초 때의 자신보다 더

나아졌다고 느끼는 것이다. 그리고 최상의 행복은 인생을 마무리할 때 자신이 계획한 대로 노후가 행복했다고 느끼는 것이다. **톨스토이**

- 지금 내가 가난하다고 느낀다면 아직 나는 다른 사람들에게 필요한 사람이 아니기 때문이다. **러셀 콘웰**

- 생명보험에서 사람의 생명가치는 초과수입, 즉 자신의 생활비와 그밖의 비용을 초과하여 얻는 수입이다. **휴브너**

- 사람은 누구나 위험에 처할 수 있다. 이럴 때는 서로 도우며 살아가야 하는데 가장 좋은 해결방안이 바로 보험이다. **엘리자베스 1세**

- 삶에 드는 비용은 상승일로에 있고 삶에 대한 기회는 하강일로에 있습니다. **필립 윌슨**

*

- 죽음이란 태어나는 것과 마찬가지로 자연스러운 일이다.

  프랜시스 베이컨

- 어떠한 불행 속에도 행복은 숨어 있다. 다만 어디에 좋은 것과 나쁜 것이 있는지를 모르고 있을 따름이다. **게오르규**

- 내일의 모든 꽃은 오늘의 씨앗에 근거한 것이다. **도연명**

- 참된 삶을 맛보지 못한 자만이 죽음을 두려워하는 것이다. **제이 메이**

- 모든 일은 계획으로 시작하고, 노력으로 성취되며, 오만으로 망친다.

  관자

- 백 년을 살 것처럼 일하고 내일 죽을 것처럼 기도하라. **프랭클린**

- 인간의 진정한 재산은 그가 이 세상에서 행하는 선행이다. **마호메트**

- 누구나 오래 살기를 바란다. 그러나 누구를 막론하고 나이는 먹기 싫어한다. **스위프트**

- 죽음을 두려워하는 나머지 삶을 시작조차 못하는 사람이 많다.

  반 다이크
- 돈으로 살 수 있는 행복이라 불리는 상품은 없다.　　반 다이크
- 최상의 길은 없다. 많은 사람이 가고 있다면 그 길이 최상이다.　루쉰
- 눈물을 흘리면서 빵을 먹어보지 못한 사람은 인생의 참맛을 알 수가 없다.

  괴테
- 작은 구멍 하나가 큰 배를 침몰시키는 것이다.　　에프라임 도마라츠키

*

- 가정은 삶의 보물상자가 되어야 한다.　　르코르뷔지에
- 훌륭한 삶에는 세 가지 요소가 있다. 즉, 배우는 일, 돈 버는 일, 무엇인가 하고 싶은 일.

  몰리
- 인생은 불확실한 항해이다.　　윌리엄 셰익스피어
- 안심하면서 먹는 한 조각 빵이 근심하면서 먹는 잔치보다 낫다. 이솝
- 봄에 씨를 뿌리지 않으면 가을이 되어 추수할 수 없다.　　공자
- 나무는 그 열매로 알려지고 사람은 그 일로 평가된다.　　탈무드
- 슬픔은 나누면 반으로 줄지만, 기쁨은 나누면 배로 는다.　　J. 레이
- 건강은 제일의 재산이다.　　에머슨
- 죽을 때를 모르는 사람은 살 때도 모르는 사람이다.　　존 러스킨
- 나는 죽음을 겁내지 않는다. 다만 의무를 다하지 않고 사는 것을 겁낼 뿐이다.

  하운드
- 잘 보낸 하루가 행복한 잠을 가져오듯이, 잘 쓰인 인생은 행복한 죽음을 가져온다.

  레오나르도 다빈치
- 훌륭한 죽음은 전 생애의 명예가 된다.　　페트라르카

- 매일을 네 최초의 날인 동시에 최후의 날인 것처럼 살아라.

  하웁트만

- 하늘은 스스로 돕는 자를 돕는다.   서양 속담

- 은행은 날씨가 맑을 때는 우산을 빌려준다. 그렇지만 비가 오려고 하면 우산을 돌려받는다. 그러나 보험회사는 날씨가 맑을 때는 우산을 보관하고 있다가 비가 오면 돌려준다.   마크 트웨인

*

- 인생에는 두 가지 위험이 있다. 하나는 너무 일찍 죽는 것과 또 하나는 너무나도 오래 사는 것이다. "Die too soon, Live too long!" 이것은 우리네 삶의 명제이다.   버트 팔로

- 험한 언덕을 오르려면 처음에는 천천히 걸어야 한다.

  윌리엄 셰익스피어

- 가장 높은 곳에 올라가려면 가장 낮은 곳부터 시작하라.

  푸블릴리우스 시루스

- 삶이란 우리의 인생 앞에 어떤 일이 생기느냐에 따라 결정되는 것이 아니라 우리가 어떤 태도를 취하느냐에 따라 결정되는 것이다.

  존 호머 밀스

- 인생은 느끼는 자에게는 비극이지만, 생각하는 자에게는 희극이다.

  라 브뤼에르

- 생명보험에 충분히 가입하는 것은 대다수 시민들이 지켜야 할 도덕적 의무이다.   프랭클린 루스벨트

- 보험은 불확정한 것을 확정한 사실로 변화시키는 유일한 수단이므로 보험에 가입하는 것은 인간으로서 가장 신성한 책무이다. 가정의

행복은 보험에서 다가온다.　　　　　　　　　　　　　　　　　휴브너

■ 인간의 생활에 금전이 필요하고, 인간의 마음속에 가족에 대한 애정
　이 있고, 인간의 죽음이 불확실한 사실이라면, 보험의 수효는 영원히
　번창할 것이다.　　　　　　　　　　　　　　　　　　　　　　윗드슨

*

■ 돈을 잃으면 조금 잃는 것이며, 명예를 잃으면 많이 잃는 것이며, 건
　강을 잃으면 전부를 잃는 것이다.　　　　　　　　　　　　　우리 격언

■ 현명한 사람은 계란을 한 바구니에 담고 난 다음 그 바구니를 잘 지
　켜본다.　　　　　　　　　　　　　　　　　　　　　　　마크 트웨인

■ 현명한 사람은 적절한 시기를 잡지만, 어리석은 사람은 그 시기를 놓
　친다.　　　　　　　　　　　　　　　　　　　　　　　　　그라시안

■ 4명에게 모두 권총을 지급하고 단 1개만 실탄을 장착했다고 설명한
　뒤 동시에 방아쇠를 당기라고 해보자. 방아쇠를 당기기 직전에 보험
　에 가입하라고 한다면 가입을 망설일 사람이 얼마나 될까.　버트 팔로

■ 위험에 대한 공포는 위험 그 자체보다 천 배나 무섭다. 위험에 대한
　공포가 안 생기도록 하는 것이 행복한 삶의 비결이다.　　대니얼 디포

■ 인간에겐 피할 수 없는 두 가지가 있다. 하나는 죽음이고 다른 하나
　는 세금이다.　　　　　　　　　　　　　　　　　벤저민 프랭클린

노후준비의 필요성을 환기해주는 명언

■ 나이 먹고 어려울 때를 대비해 저축할 수 있을 때 저축해라. 아침 해

가 하루 종일 가지는 않는다. **벤저민 프랭클린**

■ 태만은 천천히 움직이므로 가난이 곧 따라잡는다. **벤저민 프랭클린**

■ 젊은 시절 노년의 불행과 궁핍함에 대비하라. 노년의 불행과 궁핍함으로 우리의 지난날을 평가할 수 있다. **새뮤얼 스마일스**

■ 나는 지금, 그리고 항상 그래왔던 것처럼 보험의 맹신자이다. 특히 생명보험은 반드시 가입해야 한다. 심지어 가난한 사람도 생명보험으로 자산을 마련할 수 있기 때문이다. 그가 그 자산을 마련했을 때, 그는 자신의 가족이 어떠한 일이 발생하더라도 보호될 수 있다는 것을 알게 됨으로써 진정한 만족감을 느낄 수 있게 된다. **해리 트루먼**

✳

■ 스스로 노인이라고 생각한다면 이제는 돈을 벌 때가 아니라 돈을 쓸 때이다. 돈이 있어야 한다. 돈 없는 노년은 서럽다. 그러나 돈 앞에 당당하라. **괴테**

■ 하느님은 해가 드는 새벽이나 봄이 시작될 때 그대에게 오지 않는다. 그는 그림자가 들기 시작하는 정오나 추수의 계절에 그대에게 다가온다. 미래는 준비하는 자에게만 다가온다. **존 돈**

■ 노후의 행복을 위해 희망의 씨앗을 뿌려라. 후회의 씨앗은 젊었을 때 즐거움으로 뿌려지지만, 늙었을 때 괴로움으로 거둬들이게 된다. **찰스 칼렙 콜튼**

■ 하루는 작은 일생이다. 아침에 잠에서 깨어 일어나는 것이 탄생이요, 상쾌한 아침은 짧은 청년기를 맞는 것과 같다. 그러다가 저녁 잠자리에 누울 때는 인생의 황혼기를 맞는 것이라는 사실을 알아야 한다. **쇼펜하우어**

- 돈이 없으면 생활은 재미가 없어진다. 그 생활은 생애의 전반을 의미한다.
  베티나

- 인간은 참 이상한 동물이다. 집과 자동차에 보험을 가입하는 것은 잊지 않으면서 왜 자신의 생명을 보험에 가입하는 것은 소홀히 할까? 생명은 가족에게 무엇보다도 중요할 뿐만 아니라 가장 잃기 쉬운 것인데도 말이다.
  벤저민 프랭클린

- 사람을 해치는 것이 3가지 있다. 근심과 말다툼, 빈 지갑이 그것이다. 이 중 빈 지갑이 사람을 가장 많이 해친다.
  탈무드

                              *

- 인간이란 생활의 90%는 과거에, 7%는 현재에 두고 살아간다. 그러니까 인간이 미래를 위하여 생활하는 것은 겨우 3%밖에 되지 않는다.
  존 스타인벡

- 게으른 자여, 개미에게 가서 그가 하는 것을 보고 지혜를 얻으라. 개미는 그 누구의 지시 없이도 열심히 일하여 가을철에 먹을 것을 여름에 미리 마련하고 모아놓는다.
  성경(잠언 중)

- 아침과 봄에 얼마나 감동하였는가에 따라 당신의 건강을 체크하라. 당신 속에 자연의 깨어남에 대해 아무 반응이 일어나지 않는다면, 이른 아침 산책의 기대로 마음이 설레 잠에서 떨쳐 일어나지 않는다면, 첫 파랑새의 지저귐이 전율을 일으키지 않는다면 눈치 채라. 당신의 봄과 아침은 이미 지나가버렸음을….
  헨리 소로

- 젊은 날 노년의 행복을 대비하라. 노년의 불행과 궁핍함으로 우리의 지난날을 평가할 수 있다.
  새뮤얼 스마일스

- 인생의 계획은 어릴 때에 있고 1년의 계획은 봄에 있고, 하루의 계획

은 새벽에 있는 것이니, 어려서 학문을 배우지 않으면 늙어서 아무것도 알지 못하게 될 것이오. 봄에 씨를 뿌리지 않으면 가을이 되어 추수할 수 없으며, 새벽에 일어나지 않으면 그날 할 일을 판단하지 못한다.

공자

- 발걸음이 쌓이지 않으면 천리 길에 이르지 못하고 작은 흐름이 쌓이지 않으면 큰 강을 이루지 못한다.

순자

- 어리석은 자의 노년은 겨울이지만 현자의 노년은 황금기다.   탈무드

*

- 지혜가 없는 노년은 이미 실패한 일생이다.   스웨덴 속담

- 사람이 늙으면 믿을 수 있는 친구가 셋이 있는데, 그 하나는 늙은 아내이고 다른 하나는 늙은 개며 마지막 하나는 연금이다.

벤저민 프랭클린

- 아름다운 시작보다 아름다운 끝을 선택하라. 앙금이 가라앉기 전에 유종의 미를 잘 거두어라.

발타자르 그라시안

- 인생에서 오륙십 세를 꽃봉오리라 한다면 칠팔십 세는 인생의 황금시대이다.

일본 격언

- 낮에는 밤의 꿈자리가 평안하도록 행동하라. 그리고 청춘시대에는 노년에 평안하도록 행동하라.

인도 격언

- 후회의 씨앗은 젊었을 때 즐거움으로 뿌려지지만, 늙었을 때 괴로움으로 거둬들이게 된다.

콜튼

- 인간은 항상 시간이 모자란다고 불평하면서 마치 시간이 무한정 있는 것처럼 행동한다. 하루 해가 짧은 것처럼 노후는 금방 우리들 곁으로 달려온다.

세네카

- 청춘은 산물이요, 아름다운 노년은 예술의 작품이다. **프랭클린 루스벨트**
- 무릇 군자는 편안한 나날에도 안일하게 지내지 않도록 마음을 단단히 긴장시켜서 훗날 우환에 대비한다. **채근담**

✳

- 아무리 나이 많은 노인도 얼만가는 더 살 수 있다고 생각한다. 그러나 더 살아갈 날들에 대해서는 생각하지 않는다. **스웨덴 격언**
- 얼마나 오래 사느냐가 아니라 어떻게 사느냐가 문제이다. **베일리**
- 노년은 청춘에 못지않은 좋은 기회다. **헨리 롱펠로**
- 40세는 청춘의 노년이요, 50세는 노년의 청춘이다. **서양 속담**
- 내일을 대비하려는 현명한 사람은 오늘부터 준비하되 모든 달걀을 한 바구니에 담아놓지는 않는다. **세르반테스**
- 모든 것은 젊었을 때 구해야 한다. 젊음은 그 자체가 하나의 빛이다. 빛이 흐려지기 전에 열심히 구해야 한다. 젊은 시절에 열심히 찾고 구한 사람은 늙어서 풍성하다. **괴테**

가족(가정)의 소중함, 사랑, 행복을 일깨워주는 명언

- 아빠가 되는 것은 힘들지 않다. 그러나 아빠답게 되기는 힘들다.

  조지 부시
- 안락한 가정은 행복의 근원이다. 그것은 바로 건강과 가족에 대한 사랑에서 싹튼다. **코린 스미스**
- 가정은 나의 대지이다. 나는 거기서 나의 정신적인 영양을 섭취하고

있다.   펄 벅

- 모든 행복한 가족은 서로 닮은 데가 많다. 그러나 모든 불행한 가족은 그 자신의 독특한 방법으로 불행하다. 서로 아끼고 배려하는 모습, 자신만을 생각하는 데서부터 가정의 행복과 불행은 결정된다. **톨스토이**

＊

- 기쁨을 주는 사람만이 더 많은 기쁨을 즐길 수 있다.   **알렉상드르 뒤마**
- 현재 자신의 삶에 만족하지 못하다면 앞으로 더 행복한 가정을 꾸리는 데 더 노력하라. 그러면 열정이 넘치는 삶을 살 수 있다.

스티븐 커비

- 참사랑은 한없이 주고 또 주는 것. 지고한 사랑은 자아희생이다. 가족간의 사랑은 특히 그러하다.   **안드레 초한**
- 행복의 세 가지 원칙은 첫째는 어떤 일을 할 것, 둘째는 가족을 사랑할 것, 셋째는 하는 일에 희망을 가질 것이다.   **칸트**
- 이 세상에는 여러 가지 기쁨이 있지만, 그 가운데서 가장 빛나는 기쁨은 가정의 웃음이다. 그다음의 기쁨은 어린이를 보는 부모의 즐거움인데, 이 두 가지 기쁨은 사람의 가장 성스러운 즐거움이다.

페스탈로치

- 가정은 그대가 그곳에 가야만 할 때, 그들이 받아들이는 곳이다.

프로스트

- 가정이야말로 고달픈 인생의 안식처요, 모든 싸움이 자취를 감추고 사랑이 싹트는 곳이요, 큰 사람은 작아지고 작은 사람은 커지는 그런 곳이다.   **허버트 조지 웰스**
- 아무리 애쓰거나, 어디를 방랑하든 우리의 피로한 희망은 평온을 찾

아 가정으로 되돌아온다. 골드스미스

*

■ 자기 가정을 훌륭하게 다스리는 자는 국가의 일에서도 가치 있는 인물이 된다. 소포클레스

■ 가정과 가정생활의 안전과 향상이 문명의 중요 목적이요, 산업의 궁극적 목적이다. 가정의 행복은 이 세상 최고의 지향점이다. 가정이란 어떠한 형태의 것이든 인생의 커다란 목표이다. 홀랜드

■ 행복을 즐겨야 할 시간은 지금이다. 행복을 즐겨야 할 장소는 바로 여기 가정이다. 로버트 인젠솔

*

■ 자선과 자애는 가정에서 시작하라. 무엇보다 먼저 가족을 사랑하라. 영국 속담

■ 가정은 사람이 '있는 그대로'의 자기를 표시할 수 있는 유일한 안식처이다. 앙드레 모루아

■ 사람들은 행복을 찾아 세상을 헤매지만 정작 행복은 누구의 손에든지 잡힐 만한 곳에 있다. 그 행복은 바로 가정에 있다. 그러나 행복은 가족을 사랑하는 마음과 일상생활에 대해 마음속에 만족을 얻지 못하면 얻을 수 없다. 호라티우스

■ 가정의 단란함이 이 세상에서 가장 빛나는 기쁨이다. 그리고 사랑하는 자녀를 보는 즐거움은 사람의 가장 거룩한 즐거움이다. 페스탈로치

■ 행복한 가정은 우리가 미리 누리는 지상 최고의 천국이다. 브라우닝

*

■ 가정에서 행복해지는 것은 온갖 염원의 궁극적인 결과이다. 가정의

행복은 이 세상 최고의 성공이다.   스펜서 존슨

- 아빠 한 사람이 백 명의 학교 스승보다 낫다.   조지 허버트

- 가정생활의 안전과 향상이 문명의 중요 목적이요, 모든 산업의 궁극적 목적이다.   C. W. 엘리엇

- 가정에서 행복해지는 것은 온갖 염원의 궁극적인 결과이다.   S. 존슨

- 가정이란 어떠한 형태의 것이든 인생의 커다란 목표이다.   홀랜드

- 제일 안전한 피난처는 엄마의 품속이다.   풀로리앙

- 자기 자식에 대하여 아는 아빠는 슬기롭다.   윌리엄 셰익스피어

- 가족이란 선택하는 것이 아니다. 그들은 당신에게 주어진 신의 선물이다. 당신이 그들에게 그러하듯이.   데즈먼드 투투

*

- 오직 가족과 사랑하는 사람들을 위해 산 인생만이 가치 있는 것이다.   아인슈타인

- 행복을 가꾸는 힘은 밖에서 우연한 기회에 얻을 수 있는 것이 아니다. 오직 그 마음에 새겨둔 힘에서 꺼낼 수 있다.   페스탈로치

- 행복의 문 하나가 닫히면 다른 문들이 열린다. 그러나 우리는 대개 닫힌 문들을 멍하니 바라보다가 우리를 향해 열린 문을 보지 못한다.   헬렌 켈러

- '오늘'이란 너무 평범한 날인 동시에 과거와 미래를 잇는 가장 소중한 시간이다.   괴테

- 가족이 지니는 의미는 그냥 단순한 사랑이 아니라 지켜봐주는 누군가가 거기 있다는 사실을 상대방에게 알려주는 것이다.   미치 앨봄

- 가족들의 더할 나위 없는 귀염둥이였던 사람은 성공자의 기분을 일

생 동안 가지고 살며, 그 성공에 대한 자신감은 그를 자주 성공으로 이끈다. **지그문트 프로이트**

■ 가족이란 당신이 누구 핏줄이냐가 아니다. 당신이 누구를 사랑하느냐는 것이다. 당신 곁에는 항상 가족이라 부를 수 있는 존재가 있다. 그런 가족에게 아낌없는 사랑을 주어야 한다. **트레이 파커**

단 한 번 방문으로
클로징에 이르는 5단계 화법

1단계 - 주의환기 단계

고객의 마음과 시선이 FC에게 쏠릴 수 있게 관심을 유도한다.

보험컨설턴트 : ○○님! 혹시 윗동네 네거리에서 슈퍼마켓을 경영하는 김○○ 님께서 변을 당하신 것을 아세요?

고객 : 언제요?(고객이 금시초문이라면 깜짝 놀라며 반문할 것이다.)

보험컨설턴트 : 바로 어젯밤에요. 저기 ○○교차로 ○○지점 커브길에서 마주 오던 차와 정면으로 충돌해서 그만 사망했다는 거예요. 정말 교통사고는 예상할 수 없더군요. 허무한 일이에요. 자녀도 둘이나 있다던데요.

이 사례는 반드시 고객이 관심을 갖고 이야기를 들을 수 있는 화젯거리를 찾아 전개해야 한다. 가능하면 고객의 주변 사람 이야기를 들려주는 것이 제일 효과적이다. 그렇게 해야 고객이 흥미를 갖고 귀를 기울인다.

2단계 - 문제제기 단계

제안하는 보험상품에 대한 니즈를 환기해 고객의 구매 욕구를 불러일으킨다.

보험컨설턴트 : 평소에 그렇게 조심하던 분이라는데 정말 운전이란 자신이 아무리 조심하더라도 50%밖에 안심할 수 없으니. 특히 그 정도라면 한창 사회활동도 하고 가정에서도 큰 비중을 차지하는 나이인데 말입니다. 물론 ○○님께서도 방어운전을 하고 계실 테죠? 아마 지금까지 위기 상황이 몇 번은 있으셨을 겁니다.(실제 사례와 통계자료를 보여주면서 고객에게 새삼 교통사고에 대한 불안감을 느끼게 한다.) 그래도 그분은 가족을 위해 큰일을 하셨더군요.(고객에게 궁금증과 의문을 유발해 문제를 제기한다.)

3단계 - 문제해결 단계

고객이 상품에 대한 니즈를 확실히 느끼고 욕구를 가지게 이의 충족을 위한 만족도를 높인다.

보험컨설턴트 : ○○님! ○○님께서는 그 누구보다 가족을 사랑하시는 걸로 소문났던데요. 물론 변을 당하신 김○○님께서도 주위 분들에게는 참으로 가정적인 분이라고 칭송이 자자했지만요.(이 경우에는 고객에게 선의의 경쟁 심리를 불러일으키는 심리적 전술이 필요하다. 그렇게 하여 고객보다 더 우월감을 갖게 유도한다.)

고객 : 아! 네.(기분이 좋아진다.)

보험컨설턴트 : ○○님! 그런데 겉으로만이 아니라 진정으로 가족을 위하는 가장 좋은 방법이 있습니다.

고객 : 아! 그래요.(궁금하다는 듯이 호기심을 가지고 질문한다.)

보험컨설턴트 : 네! 그런데 여기서는 ○○님께서 감정의 문제가 아니라 냉철한 이성적 판단을 해야 합니다. 제가 드리는 말씀 절대로 오해하지 마시고요.

고객 : 알았으니 어서 말해봐요.(고객의 동의를 구한다.)

보험컨설턴트 : ○○님! 슈퍼마켓 김○○님은 몇 년 전에 저희 회사의 '○○보험'을 세 건이나 들어 보험금 ○억 원을 타게 되었습니다. 물론 유가족의 생활자금으로 말입니다.

고객 : 그래요? (매우 놀란다.)

보험컨설턴트 : 네! 매월 일정한 보험료를 내고 만일의 경우 대형보장으로 가족의 생계를 미리 준비해주었던 것이죠.

고객 : 아! 네. (수긍한다는 듯 고개를 끄덕거린다.)

4단계 – 구체화 단계

보험 가입의 이점과 혜택에 대해서는 실질적인 수혜 사례 등을 제시하여 실감하게 하면서 확증을 심어준다.

보험컨설턴트 : ① 저도 영업활동을 하러 먼 곳으로 갈 때는 차를 몰고 가는데 저 또한 '○○보험'에 가입했습니다. 집집마다 자가용이 있다 보니 자가운전자들의 가입률이 점차 증대하는 실정입니다. 이 ○○보험은

저렴한 보험료와 가족계약으로 전 가족이 보장을 받을 수도 있고 또 저축의 의미도 있어 우리 생활에 꼭 필요한 상품입니다.

② 제가 아는 분은(고객도 아는 사람이면 더욱 효과적) ○○보험에 가입하고 나서는 어디를 가든 마음이 놓여 일도 더 잘된다고 합니다. 보험에 가입하기 전에는 비행기나 차를 타고 출장할 때 괜스레 가족이 걱정되고 자신도 불안해서 안절부절못했는데 지금은 마음이 놓인다고 합니다. ○○님! 왜 그런지 아세요? 바로 가족을 위해 든든한 울타리를 마련해놓았기 때문이죠. 보험은 바로 이런 겁니다.(이때 보험컨설턴트는 자신의 설명을 듣고 체결했을 때의 보험금 지급 내용을 상세히 얘기하며 계약 체결과 미체결의 경제적 변화를 시뮬레이션 기법으로 구체적으로 설명한다. 물론 대화 전개 방식에 따라 고객의 니즈를 환기하면서 다양한 보험상품을 권유할 수도 있다.)

고객 : 네.

보험컨설턴트 : 간혹 보험의 가치를 잘 모르고 대수롭지 않게 생각하는 경우도 있는데, 가족을 위한 작은 정성이 만일의 경우에 위력을 발휘한다는 점을 간과하는 것은 결국 가족을 위한다는 마음이 허구가 아닐까 생각하게 합니다. 진정한 가족사랑은 마음이 아닌 행동으로 보여주어야 합니다.(고객이 자신의 문제점을 간파할 수 있게 니즈를 환기시켜 가족 보장의 욕구를 북돋운다.)

고객 : 네~ (이해한다는 듯 대답한다.)

5단계 - 마무리 단계

고객 스스로 단호히 결정할 수 있게 계약 체결의 관문 쪽으로 물꼬를 틀어준다.

보험컨설턴트 : ○○님! 좋은 일은 빠를수록 좋다고 합니다. 지금 당장 이 ○○상품에 가입하셔서 친구(또는 지인)들보다 확고한 가정보장 고지에 먼저 도달하십시오. 비를 다 맞고 나서 집에 두고 온 우산을 생각하면 무슨 소용 있겠습니까? 바로 지금이 결심하실 때입니다.

이와 같이 문제와 해결책을 충분하게 제시한 다음에는 고객의 동향에 따라 확고하게 결심을 굳히도록 컨설팅에 의거한 프레젠테이션을 하면서 협조와 조력을 주면 계약체결은 그리 어렵지 않을 것이다.

위에 제시한 판매설득을 위한 화법 스크립트를 완전히 익혀 고객이 니즈를 갖고 구매 욕구를 불러일으키게 자신만의 차별화된 노하우를 창출해 알찬 수확을 거둬보자.

한 방에 니즈를 환기시키는
5단계 화법

1단계 – 관계형성 기술

Coaching Point : 컨설팅 세일즈에서 고객과 친밀감을 형성하는 것은 그 무엇보다 중요하다. 고객은 아무리 보험에 가입하고 싶어도 권유하는 보험컨설턴트가 마음에 들지 않으면 절대로 가입하지 않는다.

따라서 일차적으로 친숙을 도모하기 위해 개인적인 연결고리를 형성하는 기술이 필요하다. 이를 위해서는 ① 방문 중 되도록 고객의 눈을 바라보는 시선접촉기술, ② 대화하는 방식, 제스처, 자세를 고객의 행동 패턴에 따라 맞추는 적응행동기술, ③ 적당히 미소를 띠며 정중하고 간결하게 이야기할 줄 아는 공감대형성기술 등 세 가지 기술을 유효적절하게 잘 배합하면서 해야 한다.

니즈화법 Action Planning : 안녕하십니까. 한국기업 구 상무님이시죠? 저는 ○○회사 보험컨설턴트(호칭은 해당 회사 신분 명시) 이기자입니다. 구

상무님께서 지난 주말에 ○○산 등산 같이하신 최 이사님이 저의 고객이십니다. 고생했지만 참 즐거우셨다고 들었습니다.

2단계 – 촉진기술

Coaching Point : 고객이 상담에 지속적으로 참여하게 유도한다. 이 단계에서는 ① 고객에게 짤막한 언어적 반응이나 비언어적 반응을 나타내는 동기부여강화기술을 사용한다. 즉, 고객이 보험컨설턴트의 말을 더 듣고 싶어함을 나타내는 긍정적인 질문이나 말을 구사한다. ② 고객의 기분을 이해하고 있다는 공감기술을 펼친다. 이때 고객의 생각에 전적으로 동의한다는 것으로 고객이 이해하게 하면 안 된다. 즉, 고객이 말하는 내용을 이해한다는 수용기술을 사용하여 신뢰도를 높여야 고객은 마음의 문을 열게 된다.

니즈화법 Action Planning : 주말이면 고속도로가 주차장이 되는 세상이지만, 특히 지난 주말에는 정도가 더 심했다고 합니다. 뉴스를 보니 상춘객이 많아서 그런지 차량과 인파가 엄청나더군요. 새벽 2시까지 막혔는데 고생하지 않으셨어요? 요즘 초보운전, 난폭운전, 음주운전 때문에 사고가 많다는데 이번에는 어땠습니까? 저는 운전경력 ○개월의 햇병아리라 고속도로는 겁나서 못 가지만 고속도로 사고는 사망 아니면 중상이라면서요?

3단계 - 질문기술

Coaching Point : 고객과 상담할 때 가장 중요한 화법전개 방법은 질문법이다. 내 위주가 아니라 고객 위주로 대화가 진행되게 유도하면서 고객의 니즈, 상황 및 문제에 관해 심도 있는 정보를 얻는다. 그래야 알토란 같은 정보를 더 입수하여 고객의 거절에 효과적으로 대처할 수 있다. 이를 위해서는 ① 고객이 단순히 '예', '아니요'라고 대답하는 폐쇄형 질문이 아니라 그 이상의 설명을 끌어내는 개방적 질문기술을 사용한다. ② 고객이 더 깊게 생각하도록 유도하는 감정의 유인기술인 High-Gain 질문기술을 사용하여 이를 통해 얻은 정보를 즉시 평가하고 분석하여 심사숙고하는 상담을 진행하는 지혜를 발휘해야 한다. High-Gain 질문기술을 활용하여 보험 가입으로 얻게 되는 다양한 이익(high gain)과 효과를 집중적으로 제시한다.

니즈화법 Action Planning : 구 상무님께서는 10년 무사고 베테랑이라고 들었습니다. 방어운전이 중요하다는데, 저 같은 초보는 알듯 말듯 하네요. 방어운전하면 사고가 없는지, 어떻게 하는 것인지요? 음주운전 사고는 보험회사에서 보상도 없다는데(손해보험의 경우) 돈도 없는 음주운전자가 사고를 내고 몸으로 때운다고 할 때 사고당한 사람은 어떻게 될까요? 가정도 월동준비가 있고, 회사도 호황 때 불황을 대비하고, 국가도 흉년이나 전쟁을 대비해 비상식량을 비축하는데 구 상무님께서는 만일의 사고에 어떤 대비책이 있으신지요?

4단계 - 확인기술

Coaching Point : 보험컨설턴트의 설명에 고객이 공감했다 해도 이를 액면 그대로 동의라고 지레짐작해서 곧바로 클로징에 이르려고 해서는 안 된다. 고객이 다시금 확실하게 인식하도록 영업활동의 진전 사항을 확인하는 과정이 필요하다. 이를 위해서는 ① 고객이 말한 것을 반복하거나 바꾸어 말하는 요약기술 전개, ② 고객의 비언어적 반응을 관찰하거나 직접적으로 질문하여 고객의 동의를 확인하는 점검기술 전개가 필요하다.

니즈화법 Action Planning : 좀 전에 구 상무님께서 가르쳐주신 방어운전 설명 감사했습니다. 방어운전은 타인의 과실로 인한 사고 위험을 줄이기 위해 꼭 필요하지만 어쩔 수 없이 당하는 경우도 있군요.

개인적으로 보상할 능력도 없는 음주 운전자에게 사고를 당하면 내 잘못도 없이 엄청난 피해를 볼 수도 있네요. 구 상무님께서는 10년간 무사고이시니 그런 일 없다고 큰소리칠 만도 하지만 당하고 싶어 당하는 사람은 없겠지요. 죽으면 그만이지 무슨 대비가 필요하냐고 하셨는데, 문제는 중상일 경우도 있고 만일의 경우 사랑하는 아들 ○○(이름을 불러준다)의 장래를 위해서라도 사전 준비는 필요하지요. 부담 없이 대비하는 방법을 간략히 설명하겠습니다.

5단계 – 정보제공 기술

Coaching Point : 보험컨설턴트는 이 시점에서 자신이 갖고 있는 정보를 고객에게 제공하여 매듭짓기를 위한 포석으로 삼아야 한다. 이때 제공하는 정보는 고객이 보험컨설턴트와 보험회사, 권유상품 및 향후 서비스에 대해 명확하면서도 긍정적인 이미지를 가지게 하는 방향으로 구성된 것이어야 한다.

이를 위해서는 ① 상품이나 서비스의 특징이 고객의 구체적인 니즈를 어떻게 충족하는지를 설명하는 특이혜증기술 전개, ② 제공하는 정보를 가능한 한 간결하게 말하는 요점설명기술 전개, ③ 고객의 요청이 있을 때는 요약표, 보조자료, 객관적인 데이터 등을 제시하여 더 자세하게 설명하는 업데이트기술이 필요하다. ④ 마지막으로 보험컨설턴트는 고객에게 자신과 회사, 상품과 서비스에 대한 가치와 일에 대한 정열, 가입에 대한 믿음과 확신을 보여주는 가치기술을 전개해야 한다.

니즈화법 Action Planning : 사랑하는 가족을 위한 그리고 자신을 위한 대비책으로 보장성보험에 가입하는 것은 부담되는 것이 아닙니다. 성의가 없을 뿐이지요. 애연가가 담배를 끊는 것보다 쉽고 경비도 적게 들고요. 상무님께서는 보험은 재수 없다고 하셨는데 건강보험이나 자동차보험 가입자가 모두 병원신세를 지는 것은 아니지요. 지난달 신문에 월 보험료 ○만 원씩 2회 납입 후 교통사고로 보험금 1억 원을 수령한 기사가 있었는데, 여기 안내장을 좀 봐주시겠습니까? (객관적 사례 제시)

이 보험은 저희 회사에서 최근에 개발한 히트 신상품인데, 보장성 보험이라기보다 안심보험이라고 해도 좋을 ○○보장보험입니다. 보험료로 매달 ○만 원을 내면 입원비와 소득보상은 물론이고 암이나 질병 또는 사고에도 고액을 보상하는데, 만기 때에는 원금도 돌려드리거든요.

10년 무사고이신 상무님이 자동차보험료를 매년 수십만 원씩 내셨어도 돌려받은 것은 없지요? 이 보험은 ○만 원으로 각종 보장도 받고 돌려받기도 하는데, 월 ○만 원은 상무님 약주 1회 값도 안 되고 호텔 한 끼 식사 값밖에 안 되는데, 가족을 위해 또 본인을 위해 그 정도 성의는 가능하겠지요? (웃으며 그렇지만 진지한 표정으로 질문한다.)

이상 제시한 화법을 일반적으로 활용하는 보험세일즈 프로세스를 기초로 하여 각 단계마다 서로 다른 비율로 활용하면 훨씬 더 효과적인 결과를 도출할 수 있다.

Top 에이전트가 전하는 성공 노하우

고객을 도우러 왔다는 인상을 심어줘라. 고객과 함께 있는 이유는 바로 고객을 돕기 위해서라는 점을 고객에게 상기시켜야 한다. 고객에게 보험의 필요성을 느끼게 하여 보험 가입을 스스로 결정하게 니즈를 환기하는 데 전력을 쏟아야 한다. 만약 계약이 성사되지 않는다면 고객 자신이 보험에 가입하지 않음으로써 위험이 발생했을 때는 어떠한 보장도 받을 수 없음을 명심하게 해야 한다. 즉, 보험에 가입하지 않아서 실질적으로 손해를 보는 사람은 내가 아니라 고객임을 깨닫게 하는 것이 무엇보다 중요하다.

알 그래넘(Al Granum)

• 김동범의 보험 실전화법 카페 •

1회 보험료를 대납해달라.
안 그러면 보험 안 한다

1회 보험료는 내가 내본 적 없다?

얼마 전 있었던 실화다. 황 팀장(가명)이 어느 미장원에 가서 보험상품을 프레젠테이션한 후 클로징 단계까지 왔는데 원장은 "나는 이제까지 보험에 가입하면서 1회 보험료는 내가 낸 적이 없다. 1회 보험료는 당신이 대신 내 달라"고 했다. 황 팀장은 어이가 없었다. 황 팀장 또한 전문컨설턴트라는 자부심으로 프로답게 당당하게 일했기 때문에 보험료 대납은 하지 않았다.

물론 계약 유혹이 있고 마감 때나 업적이 부족해서 각종 수당을 받는 데에 지장이 있기도 했지만, 대납은 절대로 안 됨을 불문율로 여기면서 굳게 맘먹고 실천했다. 설령 계약을 체결할 수 없다 해도 그런 조건으로는 하지 않는다는 게 황 팀장의 보험세일즈 철칙이다. 여기서 황 팀장이 그 난관을 어떻게 극복했는지 설득화법을 살짝 엿보자.

황 팀장은 조용하게 약간 저음으로 고객에게 부담을 주지 않게 이렇게 말했다. "그럼 원장님께서는 파마 요금이 10만 원일 때 고객이 약값, 봉사료, 기술료 중 1만 5,000원을 빼달라고 하면 손님의 머리를 아름답게 만들기 위해 정

성스럽게 해주시겠습니까? 그런 마음이 생기시겠어요?"(약간 웃으면서 부담

주지 않고 자연스럽게 진행한다.)

이에 대한 미장원 원장 대답

"당연히 안 생기겠죠! 기분이 나빠 머리손질 잘 해줄 마음이 있겠어요?"

(미장원 원장은 그런 마음이 당연히 안 생기며, 이제까지 그런 식으로 말한

고객이 없다고 자랑스럽게 말했단다. 이에 황 팀장은 고객이 거부감이나 반

론을 제기하지 않도록 진지하고 차분하게 전문가로서 보디랭귀지를 곁들여

설득하기 시작했다.)

"원장님! 바로 그렇습니다. 저도 이제까지 원장님처럼 계약 대가로 고객에

게 보험료를 대납해달라는 요청을 받은 적이 거의 없습니다. 설령 고객이 요

청했다 해도 정중히 거절했지요. 보험료는 대납하는 것보다는 보험서비스를

받는 것이 더 중요합니다. 보험료를 대납하고 난 다음에 보험컨설턴트는 고객

관리에 소홀해지고 고객은 또 나름대로 보험컨설턴트에게 사후서비스를 올

바로 하라고 부탁하기가 거북해서 계약 후 관계가 소원해지는 경우가 많습니

다. 왜냐하면 고객은 해당 보험컨설턴트에게 보험료 대납 부채감이 있기 때문

이죠.(진지하게 가슴을 울리며 말하는 황 팀장의 말을 원장은 귀담아 듣더란

다. 그래서 더 확실하게 자신의 보험철학을 말했다.)"

진정한 만족은 사후서비스에서 이루어집니다

"원장님께서도 알다시피 보험은 한 번 붓고 마는 일회성 상품이 아닌, 언젠

가 발생할 보험금 지급사유가 종료되어야 서비스가 종료되는 장기신용상품

이므로 지금 당장의 작은 이익보다는 몇 십 배, 아니 몇 백 배 더 큰 보험금을

원활하게 수혜하려면 그런 말씀을 하시면 안 됩니다. 다른 보험컨설턴트에게도 마찬가지입니다. 그래야 진정으로 고객을 위해 보험서비스를 알뜰히 해줄 마음이 생기니까요. (방긋 웃으면서) 아셨죠! 원장님!"

그러나 원장은 다른 보험컨설턴트는 이렇게 제안하면 계약하기에 급급해서 그런지 그러마 하고 양보하던데 당신은 무언가 다르다면서 한동안 뜸을 들였다. 이에 황 팀장은 프로로서 이미지를 충분히 발휘하면서 자기와 거래하면 원장님 인생에 좋은 카운슬러가 될 것이라는 믿음을 심어주었다. 그랬더니 한 번 믿어보겠다고 하면서 청약서에 사인했다. 황 팀장은 안도의 한숨을 몰아쉬면서 밖으로 나와 파란 하늘에 걸린 산자락을 바라보았다.

알게 모르게 영업이 힘들고, 경쟁자가 많고, 마감에 쫓기면 실적을 올리려고 계약체결 때 1회 보험료를 대납하면서까지 청약을 받아오는 경우가 있다. 필자에게 자문을 구하는 보험컨설턴트도 많다. 이는 보험모집 규정에 당연히 어긋나지만, 어디 영업현실이 그러한가? 더구나 보험모집채널 다원화로 너도 나도 힘든 판에 모르는 사람에게 공들이던 차에 방문했는데 계약해준다고 한다. 그리고 나서 지금 돈이 없으니 1회 보험료는 대신 내달라고 한다. 대납을 안 해주면 다른 보험컨설턴트에게 가입한다고 으름장을 놓는다.

보험컨설턴트는 이런 일을 수없이 경험했을 것이다. 어찌 보면 계약 체결할 때 알게 모르게 제일 많이 대두되는 달갑지 않은 걸림돌일 것이다.

이럴 때에는 황 팀장이 적절한 기지와 화술을 발휘하여 계약을 체결하였듯이 당신도 반드시 그렇게 하길 바란다. 프로는 당장의 이익이나 한 건의 신계약 체결을 위한 세일즈가 아니라 사람을 남기는 거시적 마케팅을 하는 전문 직업인임을 늘 가슴에 품고 고객을 만나자.

리크루팅 실전화법
Action Planning Tips

영업은 혼자서는 오래도록 성공하기 힘들다.

상대를 키워야 내가 더욱 큰다는 생각을 가져야 한다.

– 클레멘트 스톤(W. Clement Stone)

내 마음이 닿아야
상대의 마음도 다가온다

FC는 21세기 최고의 유망직종임을 부각하라

고능률 FC로 정착 가능한 리크루팅(Recruiting) 후보자를 도입할 때 가장 중요한 설득방법은 적격후보자에게 보험세일즈 비전을 심어주는 것이다. 리크루팅 대상자 설득은 말이 아니라 행동에 있다. 채용후보자와 대화할 때에는 고소득 평생 전문직이라는 자신감을 갖고 당당하게 임한다. 직업과 직장에 대한 긍지, 보험세일즈에 대한 자신감과 신념을 갖고 대해야 한다. 보험컨설턴트 직업이 고학력, 고수익의 안정적 전문 직종으로 자리 잡고 있음을 개관적인 사례와 자료를 통해 인식시키는 것이 가장 효과적이다. 다음과 같이 신뢰성 있는 화법을 구사하여 후보대상자의 마음속에 확신을 심어주는 것이 필요하다.

① 보험컨설턴트는 국제노동기구(ILO)에서 21세기 유망직종 가운데 하나로 선정한 직업일 만큼 미래가 밝다.

2 경제협력개발기구(OECD)에서도 보험을 '21세기 최고의 산업의 꽃'이라고 보고하였다.

3 선진국에서는 의사, 변호사와 더불어 보험컨설턴트를 가정의 3대 고문(顧問)이라 칭한다.

4 자기자본 필요 없이 무한 성장이 가능한 능력급제이므로 건강한 신체와 직업적 의욕, 능력만 있으면 시간에 구애받지 않고 활동하면서 고소득을 올릴 수 있는 전문 직업이다.

5 세일즈업 가운데 '꽃 중의 꽃'으로 가장 매력 있는 고소득 전문직종이다.

R/P를 통해 실전화법을 익혀라

아무리 우수한 유력자를 발굴해도 설득되지 않으면 리크루팅은 이루어지지 않는다. 막연한 마음가짐으로 리크루팅에 임하지 말고 자신의 직업과 직장에 대한 확고한 신념을 가지고 고객의 주변 환경과 교육수준에 적합한 대화를 전개해야 한다. 거절당할 수도 있으나 애원하는 듯한 설득 자세는 금물이다. 당당하고 예의바르게 구체적 사례로 설득에 임하는 의연한 자세가 필요하다.

회사에 관한 사항은 질문을 통해 본인의 회사를 후보자가 어떻게 생각하는지 확인하고, 짧은 시간에 좋은 이미지를 형성할 수 있게 준비한다. 리크루팅 후보자에게 무엇을 말할지 어떻게 전달할지 준비해야 한다. 사무실에서 후보자 분석을 미리 하고, 동료 보험컨설턴트와 R/P를 해보면 더욱 좋은 결과를 만들 수 있다. 다음의 대본을 활용해본 다음에 본인만의 화법을 만들어 활용해야 한다.

반드시 리크루팅을 해야 하는 12가지 이유

1. 자기발전과 성장을 위하여
2. 내 짝, 내 식구를 만들기 위하여
3. 나의 위상을 확고히 하기 위하여
4. 살아 숨 쉬는 지점을 만들기 위하여
5. 신선한 새 바람을 마시기 위하여
6. 나태해지는 마음을 바로잡기 위하여
7. 나의 소득 증대를 위하여
8. 더 많은 고객을 확보하기 위하여
9. 보험컨설턴트의 위상을 제고하기 위하여
10. 더 나은 내 모습을 보여주기 위하여
11. 자기관리를 확실히 하기 위하여
12. 더불어 사는 참모습을 보여주기 위하여

리크루팅에 임하는 두 FC의 자세

구분	긍정적인 FC	부정적인 FC
마음 자세	직장 다닌 지 1년이나 지났는데 아직도 새 식구를 만들지 못하다니 나는 반성해야 해!	리크루팅! 아이고 지겨워. 또 그 소리야. 팀장님 리크루팅 소리만 들으면 일이 잘 안 돼. 재수 꽝이야!
출근 자세	오늘 조회시간에 리크루팅 화법에 대해서 한다고 그랬지! 일찍 출근해야지.	오늘 조회가 뭐지? 아침 드라마 오늘 재미있다고 그랬는데 마저 보고 천천히 가야지.
활동 목표	최소 두 달에 1명씩 리크루팅해야지. 지금부터 리크루팅 대상자들 목록을 만들어 공략해야지.	팀장님한테 리크루팅 이야기를 들었으니까 오늘 한번 해볼까? 안 되면 말고 어쩔 수 없지 뭐.
복장	프로다운 품위를 잃지 않는 모습을 보여야 대상자도 나를 부러워하고 일하고 싶은 생각이 들 거야.	복장이 뭐가 중요해. 말만 잘해서 설득하면 돼지. 내 말에 안 넘어가는 사람 있으면 나와보라고 해.
욕심	리크루팅 1명 하면 나한테 뭐가 어떻게 좋은지 알고 있는데 이를 못 하면 곤란하지. 내 목표는 관리자인데.	리크루팅이 쉬우면 뭐 그렇게 많은 혜택을 주겠어. 그 시간이면 신계약 1건 더 하는 게 백 번 낫다. 돈만 많이 벌면 되지 뭐.
평소 언행	약속한 일은 꼭 지키자. 그래야 저 사람이 나를 믿고 회사도 믿고 잘 다닐 수 있지.	매일 리크루팅, 리크루팅, 목표달성, 목표달성… 정말 나 보험회사 못 다니겠어. 힘들어 죽겠어.
보는 시각	저 사람은 지금 애가 있어. 하지만 FC 잘할 수 있을 거야. 우리 지점 누구도 애가 있지만 아주 잘하고 있잖아.	○○씨는 애가 있어서 보나마나 남편이 반대할 거야. 괜히 나만 싫은 소리 들을 게 뻔해. 아예 이야기도 꺼내지 말아야지.
나만 하면 됐지	내 친구를 리크루팅하면 잘할 거야. 가정에도 보탬이 되고, 나한테도 자극이 될 것이고 꼭 다니도록 설득해봐야지.	내 친구를 리크루팅하면 그렇지 않아도 계약할 데도 없는데 말이 안 되지. 친구들 계약도 다 뺏길 거야. 입도 뻥긋 말아야지.
자부심	사실 나처럼 전문가로 대접받고 이렇게 고소득 올리는 직업 갖기는 쉽지 않지. ○○엄마도 나랑 같이 다니면 참 좋을 텐데.	힘들어 죽겠는데 괜히 ○○엄마한테 다니자고 했다가 욕이나 잔뜩 얻어먹으면 안 되지.
신인이 오면	인상도 참 좋고 열심히 잘할 것 같네. 같은 식구로서 열심히 해 멋진 커리어우먼(알파걸)이 되도록 잘 독려해줘야지.	새로 온 신인 ○○씨 말이야. 왜 그렇게 촌티가 팍팍 나지. 내가 보기엔 며칠 다니다가 그만둘 것 같아.

리크루팅 TA화법
Action Planning

적격후보자마다 사정이 다르고 교육수준과 성격도 차이가 있다. 따라서 고객의 여러 사정을 고려하여 납득의 효과가 큰 문제부터 이야기의 실마리를 찾는다. 특히 소득의 매력에 호소한다. 이 경우 경과차월별로 상세히 설명한다.

리크루팅 접근 화법

- 어느 직업보다 고소득 전문직종인 FC에 도전해보지 않겠습니까? 세일즈업 중 보험컨설턴트만큼 고소득이면서 전문 직종으로 인정받는 직업은 우리나라에 없습니다.
- ○○님 자본금이 전혀 필요없이도 지금의 수입(월급)보다 더 많이 올릴 방법이 있는데요, 바로 제가 다니는 ○○회사의 ○○○(신분 명시)입니다.

- 오늘 이렇게 찾아뵙게 된 것은 이번에 저희 ○○회사에서 성실하고 유능한 사원을 채용하는데 ○○님처럼 덕망 있고 영향력 있는 분을 모시기 위해서입니다.

- ○○님은 대인관계도 넓으시고 인상도 참으로 좋으시군요. ○○님 같은 분이 잠재력을 100% 발휘할 곳이 있어서 소개하고 싶습니다. 그곳에서 ○○님의 제2의 천성을 계발해보십시오.

- ○○님! 가정에 안주하여 남편과 자녀를 돌보는 인생만이 아니라 나 자신을 찾는 멋진 삶도 필요하지 않을까요?

- 다른 직장은 근무연한이나 연공서열에 따라 승진되지만 우리는 노력과 능력에 따라 얼마든지 대우받을 수 있습니다.

- ○○님께서 신용을 중히 여기시는 성실한 분이라고 칭찬이 자자합니다. 신용을 중요시하는 저희 ○○회사는 ○○님 같은 분을 원하고 있습니다.

- 일을 통해서 기쁨을 나누고 슬픔을 함께할 사람이야말로 가장 소중한 친구라고 말합니다. ○○님께서도 FC로 활동하여 소중한 친구를 많이 사귀지 않으시겠습니까?

- 매일 아침에 즐겁게 나갈 직장이 있다는 것은 새로운 기쁨이 됩니다. 아침 ○시까지 출근하는 주부의 발걸음은 한결 멋지게 보이지 않겠어요?

TA시 답변에 대한 응대 화법

Q 1. 보험영업입니까?

일반적인 세일즈를 생각하고 말씀하시는 것 같습니다만 그런 일과 성격이 완전히 다릅니다. 보험컨설턴트는 개인사업을 하는 사장과 같다고 할 수 있습니다. 바로 ○○○님께서 사업을 창업하는 것과 마찬가지입니다. 그러나 창업에 필요한 모든 뒷받침은 저희 ○○회사에서 무료로 제공합니다. ○○○님이 스스로 영업하실 때까지 교육훈련 등 보험영업에 필요한 지식과 스킬을 모두 가르쳐드립니다.

Q 2. 관리직은 채용하지 않습니까?

○○○씨의 개별적인 능력에 맞는 직종을 선택하실 기회가 주어질 겁니다. 자세한 사항은 만나 뵙고 말씀드리고 싶습니다.

Q 3. 전혀 경험이 없어도 괜찮을까요?

저희는 바로 그런 분을 원하고 있습니다. 보험영업 경력이 있는 분은 오히려 입사조건에서 제외됩니다.(회사 규정에 따라 조절 활용)

Q 4. 팀장님 만나기가 부담스러운데요

걱정하실 필요없습니다. 제가 함께 동행할 겁니다. 가벼운 마음으로 기계약 분석 서비스를 받아보시고 ○○○님에게 유익한 정보를 제공하는 좋은 시간이 될 겁니다.

Q 5. 바쁘다

바로 그래서 전화한 겁니다. ○○○씨와 같은 유능한 분이 바쁘지 않을 리 없겠지요? 그래서 약속을 정하려고 전화하는 겁니다.

Q 6. 정식직원인가?

▶ 네. 저희 ○○회사의 직제는 보통 회사들과 달라 정식직원인지 아닌 지에 특별한 구별을 두지 않습니다. 자세한 사항을 만나 뵙고 말씀드리 고 싶습니다. ○요일 ○○시가 좋겠습니까? 아니면 ○○시가 좋겠습니까? (이때 시간과 장소를 반드시 확인한다.)

▶ 예, 당연히 정식사원이지요. 그러나 자신이 한 만큼의 소득을 올릴 메리트 시스템을 적용하고 있습니다. 자세한 내용은 만나 뵙고 말씀드리 고 싶습니다.

Q 7. 기본급이 있나?

현재의 급여에 만족하십니까? 저는 ○○○님께 매력적인 연봉을 받을 기회를 제공하려는 겁니다. 일반적으로 사람들은 자기의 잠재능력을 6% 정도밖에 활용하지 못한다고 합니다. ○○○님께서는 얼마나 활용하는 것 같습니까? 제가 ○○○님의 잠재능력을 일깨워 부와 명예를 드리겠습니 다. 자세한 내용은 만나 뵙고 말씀드리겠습니다. (시간과 장소 확인)

Q 8. 개인사업을 하고 싶다

제가 마침 전화를 잘 드렸군요. 우리 ○○회사는 ○○○씨와 같이 개인 사업을 희망했던 분들이 성공적으로 일하는 그런 회사입니다.

Q 9. 월급은 얼마나 됩니까?

○○○ 씨처럼 유능한 분께 현재의 수준과 비교하여 월등히 좋지 않다면 결코 스카우트에 대해 말씀을 드리지 못할 겁니다.

Top 에이전트가 전하는 성공 노하우

누구든 열심히 일한다, 하지만 열심히 일하는 것으로는 안 된다. 필요한 것을 위해 열심히 해야 한다. 지금 무엇이 필요한가를 생각하라. 목표를 실현시키기 위해서 무엇을 해야 하는지 구체적으로 생각하고 행동하라.

나카무라 가즈하루(中村和晴)

클로징 시에는 판매를 방해하는 가장 큰 장애물이 무엇인가를 찾아내고 빨리 그 원인을 분석해 종결로 이끌어야 한다. 특히 고객의 욕구와 이익이 충족될 수 있음을 강조하며 그 증거를 확실하게 보여주어야 한다.

로버트 고펠(Robert A. Goppel)

리크루팅 실전화법
Action Planning

리크루팅 니즈환기화법

최고직업 화법

보험세일즈는 다음과 같은 6가지 이유로 최고의 직업으로 평가받습니다. 첫째, 시간표가 없는 직업으로서 내 마음대로 일할 수 있는 직업입니다. 둘째, 나 자신을 위해 일하고 내가 곧 사장인 직업입니다. 셋째, 끊임없이 새로운 도전을 제공하는 직업입니다. 넷째, 건전한 경쟁분위기에서 내가 무엇인가 기여한다는 느낌을 주는 직업입니다. 다섯째, 호감 가는 사람들과 알게 지낼 수 있는 직업입니다. 여섯째, 자신의 능력을 한껏 펼칠 수 있습니다.

1-10-100-1,000-10,000 법칙 실천화법

○○님! 하루를 가장 잘 보내면서 건강하게 성공 인생을 사는 비법이 뭔지 아세요? 바로 '1-10-100-1,000-10,000 법칙'대로 실천하는 것이

랍니다. 1-10-100-1,000-10,000 법칙은 1 : 하루에 한 가지씩 착한 일을 하여 선행을 베풀려 노력하고, 10 : 하루에 10사람을 만나 그 만남을 맺남으로 이끌어가고, 100 : 하루에 100자의 글로 일기를 써 마음을 새기고, 1,000 : 하루에 1,000자의 책을 읽어 지식을 쌓고, 10,000 : 하루에 10,000보를 걸어 건강한 몸을 만드는 것인데요.

보험컨설턴트는 이를 모두 실천합니다. 날마다 고객 가정의 행복설계를 해주면서 보호하는 역할을 하기 위해 최소한 10명 이상의 고객을 만나 인맥을 두껍게 형성하고, 매일 그날의 활동결과를 일지와 고객카드에 쓰면서 피드백하고, 자기계발을 위해 끊임없이 관련 서적을 탐독하고 직업특성상 고객을 일일이 방문면담하고 컨설팅을 해야 하므로 저절로 1일 만보걷기가 실천되기 때문이지요. 이렇게 하루를 즐겁고 알차게 보내면서 고소득을 올리는 전문 자유직업은 FC제도 말고는 없습니다.

샐러리맨 몇 배나 되는 소득입니다

저도 처음에는 망설였죠. 대학까지 나온 내가 고작 보험영업이라니….하지만 편견을 벗어던지니까 제 인생이 달라지던데요. 일한 만큼 소득도 확실하죠. 저의 평균소득이 대졸 신입사원의 3배나 된다는 거 아세요? 또 시간을 제 마음대로 조절할 수 있으니까 자유롭고 편하죠. 보험컨설턴트! 이젠 무엇과도 바꿀 수 없는 소중한 제 직업이에요. 전 능력껏 벌어 자유롭게 살아요.

보람이 남다른 직업입니다

아마 ○○님도 지금은 망설여질 겁니다. 그렇죠? 저도 처음에는 무척이나 망설였습니다. 그러나 막상 시작해보니 즐거움과 보람이 남다른 직업이었습니다. 노력한 만큼 능력을 최대한 발휘할 수 있거든요. 그뿐만 아니라 단계별 교육과정을 통하여 프로로 성장하는 기쁨도 놓칠 수 없죠. 보험컨설턴트가 아니었으면 이렇게 보람찬 1년은 상상도 못했겠죠? 보험컨설턴트 아니었으면 지금 이만큼 보람이 있었겠어요?

둥지의 위기 화법

결혼하고 막내가 초등학교에 입학할 때쯤이면 여성은 육체적으로 정신적으로 허탈감을 맛보게 됩니다. 남편은 "당신이 뭘 안다고 그래?", 아이들은 "엄마하고는 대화가 안 돼"라는 말을 들으며 중년의 외로운 둥지의 위기감을 느끼게 됩니다. 특히 집안에서만 생활하다보면 불안감은 가중될 수밖에 없습니다. 지금도 늦지 않았으니 ○○님도 직업을 갖고 사회를 배우며 활동하신다면 누구에게도 소외되지 않는 건강한 중년생활을 맞이할 수 있습니다.

직장동료 화법

학창시절 많던 친구들도 서로 가사에 시간을 보내다보면 잊고 살기 마련이지요. 남편이야 사회생활을 하다보면 친구를 사귀고 자주 만나지만 여자들이야 그것이 쉽지 않은 것이 현실이지요. 그렇지만 저희 지점에 나오셔서 일하시면 동료가 많아 마음에 맞는 친구를 사귈 수 있습니다. 동료끼리 서로 돕고 또 수입이 많으면 얼마나 좋겠습니까?

너무나 멋진 직업

가정주부는 콩나물 가격은 잘 알지만 경제는 잘 모르는 게 사실이지요. 저희가 하는 일이 많은 사람과 상대하며 이야기를 나누어야 하므로 자연히 자식과 견문이 넓어지고 사물이나 사람을 보는 눈이 아주 정확해집니다. 특히 매일 경제트렌드를 읽으면서 고객에게 재무컨설팅을 해야 하므로 금융지식이 해박해집니다. 재테크 능력이 생기는 것은 당연하고요. 정말 이보다 더 멋진 고소득 전문 직업은 없습니다.

견학 화법

입사 여부는 다음에 결정하셔도 좋습니다. 그렇지만 백화점에서 아이쇼핑하듯 저와 함께 지점으로 나가보세요? 한번 눈으로 보아야 나오든 안 나오든 결정할 수 있지 않겠어요? 견학하는 기분이라고 생각하면 되잖아요.

새로운 인생행로를 열어줄 것입니다

물론 깊이 생각하고 결정하셔야죠. 그러나 오래 생각한다고 꼭 좋은 결정이 나오는 것은 아닙니다. 사람에게는 평생에 3번 좋은 기회가 온다죠? 이번 기회는 ○○님에게 새로운 인생 항로를 열어주는 매우 소중한 기회가 될 것으로 확신합니다.

체계적인 교육으로 성공의 길을 닦아줍니다

의욕적으로 시작했다가 얼마 가지 못하고 그만두는 사람이 있습니다. 체계적인 뒷받침이 없었기 때문이죠. 그러나 우리는 다릅니다. 세일즈맨은 태어나는 것이 아니라 만들어진다고 합니다. 저희 회사에서는 한 사람의 훌륭한 FC를 탄생시키기 위해 각종 교육을 철저히 실시하고 있습니다. 혼자 설 때까지 체계적으로 지도해드립니다. ○○님께서는 저희 ○○ 회사에 입사하셔서 각종 교육을 받게 되면 틀림없이 훌륭한 FC로 성장할 수 있습니다.

급여명세서 제시 화법

아직 우리나라에서 주부들이 사회에서 전문가로 대접받으면서 다닐 직장이 그다지 많지 않습니다. 그렇다고 남편 수입만으로 생활하기에는 힘든 실정입니다. ○○님! 저희 회사에서는 노력하기에 따라 얼마든지 높은 수입을 올릴 수 있습니다. 저도 잘하는 편은 아니지만 매달 600만 원 이상 받습니다.(급여명세서 제시) ○○님께서는 모든 면에서 저보다 낫기 때문에 더 많은 수입을 올릴 수 있을 겁니다.

알파우먼 화법

남편에게 월급봉투를 받아 조금씩 나눠쓰던 쪼들린 생활을 벗어나 내가 벌어서 월급날 남편과 외식하는 멋진 커리어우먼(알파우먼)으로 변모한 아름다운 모습을 볼 수 있습니다. 저와 함께 시작해보세요. 보험컨설턴트로 새롭게 출발하는 순간 보람이 손에 잡힙니다.

점심약속 화법

○○님! 내일 괜찮으시면 저와 점심 같이하시지요. 제가 한 턱 내겠습니다. 이번에 월급도 많이 탔고, 오랜만에 얼굴도 뵙고 싶어서 그러는데 어

떠세요? ○○시경에 제가 모시러 갈게요.

제2의 인생 출발 화법

지금같이 취업하기 힘든 세상에 더구나 가정주부이신 ○○씨께서 안심하고 자유롭게 일할 곳은 ○○회사뿐입니다. ○○회사에서 보험컨설턴트로 제2의 인생을 출발해보십시오. 무거운 어깨가 날아갈 듯 가벼워질 겁니다. 정말 잘하셨다는 생각이 들 겁니다.

가장 안전하고 확실한 전문직업입니다

○○회사에서 나를 찾을 수 있습니다. ○○회사는 ○○○씨(○여사)가 첫 발을 내딛는 그 순간부터 ○○○씨(○여사)의 하루 활동과정을 완벽하게 지원해드리면서 진정한 프로로 만들어 드립니다. 새로운 모습으로 재탄생한 진정한 전문가가 되어보세요. 보험컨설턴트는 가정주부이신(고객 상황에 따라 변경) ○○○님께서 선택할 수 있는 가장 안전하고 확실한 전문직업입니다.

3가지 즐거움 화법

저는 매일 3가지 즐거움을 느끼면서 생활하고 있습니다. 첫째는 아침에 일어날 때의 즐거움입니다. 오늘도 해야 할 일이 있기 때문이죠. 둘째는 출근하는 즐거움입니다. 남편 출근 후 집안 정리하고 저녁 메뉴를 준비한 후에 출근하는 즐거움을 겪지 않은 사람은 알 수 없답니다. 셋째는 잠자리에 들 때 느끼는 즐거움입니다. 오늘도 가족을 위하여 최선을 다했다는 뿌듯함 때문이죠. 물론 월급날이나 푸짐한 상품을 받는 날은 날아갈 듯한 즐거움에 10년은 젊어 보이기도 한답니다.

도전가치가 있는 멋진 직업입니다

배우자 선택의 중요 요인으로 경제력을 누구나 생각하고 있는 현실입니다. 평생 당당히 대접받을 고소득 전문 직업을 선택해야 합니다. 바로 FC가 그렇습니다. 저를 믿으신다면 일단 저와 같은 배를 타보세요. 돈이 드는 것도 아닙니다. 성실을 밑천으로 하는 사업입니다. 자본 없이도 도전할 수 있는 직업치고 이보다 좋은 직업 또 있을까요.

당당한 나를 찾으세요

○○회사에 나와 일하시게 되면 누구누구의 엄마, 누구의 부인이라는 종속적 개념을 탈피하게 되어 자기 본연의 이름을 찾게 됩니다. 학창시절 이후에 잊었던 자신의 이름을 되찾아 직장인으로서 대우를 받을 수 있게 됩니다. 프랑스의 시몬드 보부아르는 사르트르와 계약 결혼으로 유명하지요. 그는 "여자는 여자로 태어나는 것이 아니라 여자로 길들여진다"라고 했습니다. 현대 사회에서 여자로서의 자신을 찾아보세요.

충분히 잘할 수 있습니다

○○님을 처음 본 순간부터 ○○님이라면 대단히 잘하실 거라고 생각했습니다. 누구에게나 환영받을 분은 그렇게 많지 않습니다. ○○님이라면 제가 자신 있게 동료들에게 소개할 수 있습니다.

매력적인 최상의 직업입니다

자기계발하면서 자신의 시간을 계획적·효율적으로 관리할 수 있고 노력한 만큼 수입도 따라오는 정말 매력적인 직업입니다. 특히 고객들이 아프고 힘든 순간, 큰 힘이 되어줄 수 있는 수호천사 역할을 한다는 점이 보험컨설턴트를 최상의 직업으로 만든 동인입니다.

속담을 인용한 리크루팅화법

- **고기는 씹어야 맛이요, 말은 해야 맛**이라고, 일단 저와 같이 내일 ○시에 지점에 가보시죠. 활기차게 일하는 역동적인 모습과 일하고 싶은 충동이 일게끔 만든 멋진 분위기가 마음에 들 겁니다.

- **물은 건너보아야 알고 사람은 지내보아야 안다**고, 제가 아무리 보험컨설턴트가 좋은 직업이라 말씀드려도 ○○님 가슴에 닿지 않을 수도 있습니다. 그렇죠? 그러니 저와 함께 몇 시간만 짬을 내셔서 입사설명회에 참석해보세요. 아마도 '이렇게 좋은 직장도 있구나!' 하고 생각하실 겁니다.

- **백지장도 맞들면 낫다**고, 남편의 무거운 경제적 짐을 덜어주세요. (요샌 명퇴한 남편들도 많이 들어옵니다. 제2인생을 저와 같이 멋지게 펼쳐보십시오. 전 직장보다 더 많은 소득을 올리면서 즐겁게 일하실 겁니다.)

- **버들가지처럼 바람 부는 대로 흔들린다**는 속담이 있듯이, 주위에서 누가 뭐라고 하든 ○○님의 마음속에 꼭 FC로 활동해야겠다는 굳은 마음만 있으면 어떤 어려움도 헤쳐나갈 수 있습니다. 성공은 그냥 주

어지는 것이 아닙니다. 열정과 확신이 무엇보다 중요합니다. 놀기 좋아 넉동치기라는 말이 있듯 ○○님 건강이 안 좋아서 활동을 하지 못한다고 하시는데요.

*

- **말은 할 탓이요, 길은 갈 탓**이라고, ○○님의 의지만 강하다면 주위에서 누가 뭐라 해도 자신의 길만 가면 되는 겁니다. 보험컨설턴트 중 연소득이 1억 원 이상이나 되는 FC가 8,000여 명이나 됩니다. 샐러리맨으로는 꿈같은 얘기죠. 어떻습니까? ○○님도 그런 길을 가보는 것이요.

- **서투른 팔매질도 자꾸 하면 맞을 날이 있다**고, ○○님! 첫술에 배부를 수는 없는 법입니다. 조급하게 생각하고 행동하면 좋은 결과가 나오지 않습니다. 천천히 하나하나씩 배우다보면 어느새 뛰어난 전문가로 변모된 자신을 발견할 수 있을 겁니다. 저희 ○○회사에서는 체계적인 교육을 통하여 ○○님을 새로운 모습으로 탄생시켜 드립니다.

- **열 번 찍어 안 넘어가는 나무 없다**는 속담 아시죠? ○○님! 남편(아내)이 반대해서, 애가 어려서 등 여러 가지 반대가 있어서 활동을 못하실 경우가 있을 겁니다. 하지만 계속 설득하시면 그 마음을 이해하실 겁니다.

*

- **용감한 자가 미인을 얻는다**고 일단 한번 저희 ○○회사 입사조건 테스트를 받아보시고 시험을 보세요. 그런 후 입사하시어 활동하면 FC로 새로운 인생을 출발한 것에 대해 스스로 대견하고 자랑스러워할 날이 조만간 꼭 올 겁니다.

- **메고 나가면 가마요, 들고 나가면 등불**이라는 속담이 있듯이, 사람은 환경에 따라 무슨 일이나 할 능력이 있습니다. 제가 경험해보니까 정말 좋은 직업입니다. 이런 고소득 전문 직업 우리나라엔 그 어디도 없습니다.

- **구슬이 서 말이라도 꿰어야 보배**라고 제가 입이 닳도록 말씀드리지만 제일 중요한 것은 ○○님의 마음입니다. ○○님께서 활동하시려는 의지만 있으면 얼마든지 잘하실 수 있을 것으로 저는 확신하는데. 참 안타깝네요. 우선 저와 같이 내일 ○시에 지점에 가보시죠? – 좋은 보석이 있을지라도 쓸모가 있는 물건으로 만들어져야 그 가치가 빛난다는 말.

- **구더기 무서워 장 못 담근다**는 속담 아시죠. 사람 만나는 일이 두렵고, 사람을 잘 설득할 줄도 모르는데 보험세일즈를 어떻게 해? 속으로 이런 생각 많이 하셨죠. 그러나 일단 입사 설명회에 한 번 나와 보면 생각이 달라질 겁니다. 국내에만 수만 명의 보험설계사들이 있는데 과연 그들 모두가 애초부터 사람 만나기 좋아하고 말 잘해서 설계사가 되었을까요? 한 번 도전해보겠다는 의지만 있다면, 고객과 자연스럽게 접촉하고 설득하는 법 등은 저희 회사의 베테랑 실무교육자들이 교육기간 동안 책임지고 가르쳐 드립니다.

- **누이 좋고 매부 좋다**는 말이 있는데 보험영업이 꼭 그렇습니다. 내가 만약 A라는 사람을 설득해 보험계약을 하게 되면, 과연 A라는 사람만 좋을까요? 아니죠. 유사시 당사자인 A뿐만 아니라 가족들에게도 직간접적인 보험혜택이 돌아가게 되죠. 물론 보험계약을 성사시킨 나도 수당이라는 혜택을 누릴 수 있으니 일석삼조 아닙니까. 이만한

보람을 느낄 수 있는 직업이 과연 얼마나 될까요. 이번 기회에 꼭 저희 회사 문을 두드려 보세요.

- **될성부른 나무는 떡잎부터 알아본다**는 속담이 ○○님께 딱 어울리네요. 사람은 첫인상이 좋아야 하듯 ○○님같이 좋은 인상은 처음 봅니다. 이 일을 하시면 정말 잘하실 것 같아요.

Top 에이전트가 전하는 성공 노하우

나는 사람들에게 이렇게 말한다. "내기를 걸까요? 저는 당신이 거는 것의 무조건 10배를 걸겠습니다. 우리가 하는 일보다 더 좋은 사업을 제게 보여준다면…." 생각해보라. 우리의 일은 우선 자본이 필요하지 않으며 그 어떤 것도 미리 갖고 있을 필요가 없다. 우리는 사람들에게 가서 단지 말을 하면 된다. 사람들에게 다가가 그들의 문제를 해결하도록 돕는 것이 우리의 일이다. 이 일을 시작하는 에이전트들에게 무엇보다 들려주고 싶은 말은 우리 일에 대한 자부심을 갖고 일과 사람에 빠지라는 것이다.

메이디 파카르자데(Mehdi Fakharzadeh)

고객을 대할 때 심리접근 포인트(Mind Access Point ; MAP)에 근거하여 구매 욕구를 자극한다면 판매는 훨씬 수월해진다.　케빈 호건(Kevin Hogan)

- 세일즈 화법에 대한 사전 준비 없이 계약을 체결하려는 것은 총알 없이 전쟁터에 나가는 것과 같다. **스티븐 블라운트**

- 한 문장으로 모든 말을 할 수 있는 기술이 바로 화법이다. 화법은 세일즈맨 자신의 능력을 돋보이게 함은 물론 말 속에 숨겨진 의미를 고객 스스로 깨닫게 해준다. **한스우베 퀼러**

- 훌륭한 화술은 실망하고 화난 고객들을 충실한 고객으로 바꿀 수 있는 최고의 세일즈 무기이다. **윌리엄 하트**

- 언제, 어떤 고객들의 질문에 맞닥뜨려도 당황하지 않도록 미리 다양한 질문을 예상하여 답변, 즉 실전 화법을 준비해 둬라. **말콤 글래드웰**

- 고객을 만나기 전에는 대화를 어떻게 이끌어 갈 것인지를 항상 시뮬레이션해 놓아야 한다. 괴테가 말한 '첫 단추를 잘못 채우면 마지막 단추를 채울 수 없다'는 말은 세일즈에서는 진리이다. **나카지마 다카시**

- 절대로 많은 말을 하지 말고, 고객에게 많은 말을 하도록 만들어라.

그래야만 고객의 허점을 캐치하여 옭아매는 반론을 펼 수 있다.

시드니 프리드먼

- 성공하는 세일즈맨들은 질문을 잘할 뿐만 아니라 고객의 이야기에도 귀를 잘 기울인다.　　　　　　　　　　　　　　　레슬리 토머스

- 고객을 배려하여 가정법을 사용하지 말고 그냥 직설법을 사용하라. 권유하는 보험상품이 고객에게 꼭 필요함을 직설적으로 진솔하게 알려줘라.　　　　　　　　　　　　　　　　　　알프레드 그래넘

- 말하는 능력은 고객을 상대하는 비즈니스맨에게는 가장 중요한 무기이다.　　　　　　　　　　　　　　　　　　　　대니얼 웹스터

- 어떻게든 고객과의 대화를 이끌어내라. 고객을 안심시키고 말을 유도하기 위해 질문을 던져라. 결코 장사꾼 냄새를 내지 마라. 전문가로서의 면모를 보여줘야 한다.　　　　　　　　　　기도 가즈토시

- 상담을 하는 고객이 당신과의 대화를 통해 이익을 얻게 된다는 확신을 갖도록 전문가로서의 자질과 신뢰를 쌓아라.　　　리처드 루이스

- 고객의 말을 들을 때는 머리와 마음을 함께 움직이되 마음이 우선시되어야 한다.　　　　　　　　　　　　　　　　　노먼 러빈

- 상대방을 자기 주관대로 평가하지 마라. 상대방의 입장이 되어 생각하면서 장점을 발견하여 아낌없이 칭찬하라.　　　클레멘트 스톤

- 성실한 한마디의 말은 백만 마디의 헛된 찬사보다 낫다. 앤드루 카네기

- 고객과 상담 시 통사정으로 밀어붙이기식의 대화는 절대로 하지 마라. 자신이 요구하는 바를 정확히 알고 정보를 수집해서 상대가 최대한 수용할 부분까지 롤플레잉(Role-playing)을 병행하면서 학습한 다음 진정성과 용기, 관용심과 끈기를 갖고 임하라.　　　　　허브 코헨

- 고객을 만났을 때는 모든 것을 고객의 관점에서 생각하라. 당신의 이야기를 하지 말고 고객의 말을 먼저 들어라. 고객이 말하는 것을 명확하게 이해해야 그들이 안고 있는 현안에 대한 해결책을 올바로 제시할 수 있다.

  제프리 폭스

- 자신의 생각을 제시하면서 상품이나 서비스를 잘 판매하기 위해서는 고객에게 감명을 주는 단어와 언어를 시의적절하게 잘 사용해야 한다.

  제리 애커프

- 고객과 대화를 나눌 때는 언제나 밝고 명랑한 모습을 보여 줘라. 세일즈맨의 태도가 밝으면 고객 또한 밝게 된다. 그러면 고객은 어느새 세일즈맨에게 마음의 문을 서서히 열고 있다는 사실을 자신도 모를 것이다.

  스티븐 블라운트

- 이야기는 재치있고 설득력 있게 하되 때론 침묵이 금이라는 격언도 기억하라.

  엘머 레터만

- 고객이 말할 때는 자신과 의견이 일치하지 않아도 일단 맞장구를 쳐 줘라. 그런 후 나중에 자신의 의견을 논리적으로 명쾌하게 제시하라.

  나카지마 다카시

- 고객의 말을 들을 때는 마음과 머리를 함께 움직여야 한다. 그러나 고객에게 말을 할 때는 머리보다는 마음이 우선 움직여야 한다. 당신의 마음으로 고객의 마음을 움직여야 한다.

  노만 러빈

- 고객이 듣기 좋아하는 말만 골라서 한다면 당신은 언제까지나 평범한 세일즈맨으로 머물고 말 것이다. 상황에 따라서는 듣기 싫은 말도 과감하게 하라. 단, 고객을 위해 그렇게 말한다는 진정성을 갖도록 하는 것이 중요하다.

  스즈키 야스토모

- 고객을 만나기 전에 충분하고 철저하게 할 말(실전 대화법)을 연습하라. 필요에 따라 임기응변도 해야 한다는 사실을 잊지 마라.

엘머 레터만

- 고객에 알맞은 화법을 만들어 전문가다운 자연스런 모습을 연출하는 프로정신을 갖고 고객을 대해야만 고객의 마음을 움직일 수 있다.

이이즈카 데이코

- 혼자 말하지 마라. 고객이 어떻게 느끼는지 알 수 있는 유일한 방법은 먼저 고객이 스스로 말을 하도록 만드는 것이다. 그것이 고객과 이야기를 오래 하면서 고객이 심리를 파악할 수 있는 계기가 되어준다.

알프레드 그래넘

- 고객과 대화할 때 가장 중요한 것은 '그들이 관심을 갖고 있는 것은 무엇인가? 그들이 진실로 원하는 것은 무엇인가?'를 제대로, 정확하게 파악하는 일이다. **프랭크 런츠**

- 상품을 설명하기 전에도 질문하고 설명을 마친 후에도 마지막으로 다시 질문해 고객에게 확실한 인식을 심어 줘라. 단, 너무 많은 질문을 하면 고객이 짜증을 내게 된다. **모리 쓰루오**

- 고객에게 칭찬할 말이 있으면 칭찬에 인색하지 마라. 그러나 아첨은 금물이다. **에드가 제프로이**

중앙경제평론사 Joongang Economy Publishing Co.
중앙생활사 | 중앙에듀북스 Joongang Life Publishing Co./Joongang Edubooks Publishing Co.

중앙경제평론사는 오늘보다 나은 내일을 창조한다는 신념 아래 설립된 경제 · 경영서 전문 출판사로서
성공을 꿈꾸는 직장인, 경영인에게 전문지식과 자기계발의 지혜를 주는 책을 발간하고 있습니다.

고객을 설득하는 **보험 실전 화법** 〈최신 개정판〉

초판 1쇄 발행 | 2011년 11월 15일
초판 5쇄 발행 | 2015년 8월 10일
개정초판 1쇄 발행 | 2019년 3월 20일
개정초판 4쇄 발행 | 2023년 8월 25일
개정2판 1쇄 인쇄 | 2024년 6월 17일
개정2판 1쇄 발행 | 2024년 6월 22일

지은이 | 김동범(DongBeom Kim)
펴낸이 | 최점옥(JeomOg Choi)
펴낸곳 | 중앙경제평론사(Joongang Economy Publishing Co.)

대   표 | 김용주
편   집 | 한옥수 · 백재운 · 용한솔
디자인 | 박근영
인터넷 | 김회승

출력 | 삼신문화 종이 | 에이엔페이퍼 인쇄 | 삼신문화 제본 | 은정제책사

잘못된 책은 구입한 서점에서 교환해드립니다.
가격은 표지 뒷면에 있습니다.

ISBN 978-89-6054-334-8(03320)

등록 | 1991년 4월 10일 제2-1153호
주소 | ⑨ 04590 서울시 중구 다산로20길 5(신당4동 340-128) 중앙빌딩
전화 | (02)2253-4463(代) 팩스 | (02)2253-7988
홈페이지 | www.japub.co.kr 블로그 | http://blog.naver.com/japub
네이버 스마트스토어 | https://smartstore.naver.com/jaub 이메일 | japub@naver.com
♣ 중앙경제평론사는 중앙생활사 · 중앙에듀북스와 자매회사입니다.

도서
주문
www.**japub**.co.kr
전화주문: 02) 2253 - 4463

https://smartstore.naver.com/jaub
네이버 스마트스토어

중앙경제평론사/중앙생활사/중앙에듀북스에서는 여러분의 소중한 원고를 기다리고 있습니다. 원고 투고는 이메일을
이용해주세요. 최선을 다해 독자들에게 사랑받는 양서로 만들어드리겠습니다. **이메일** | japub@naver.com